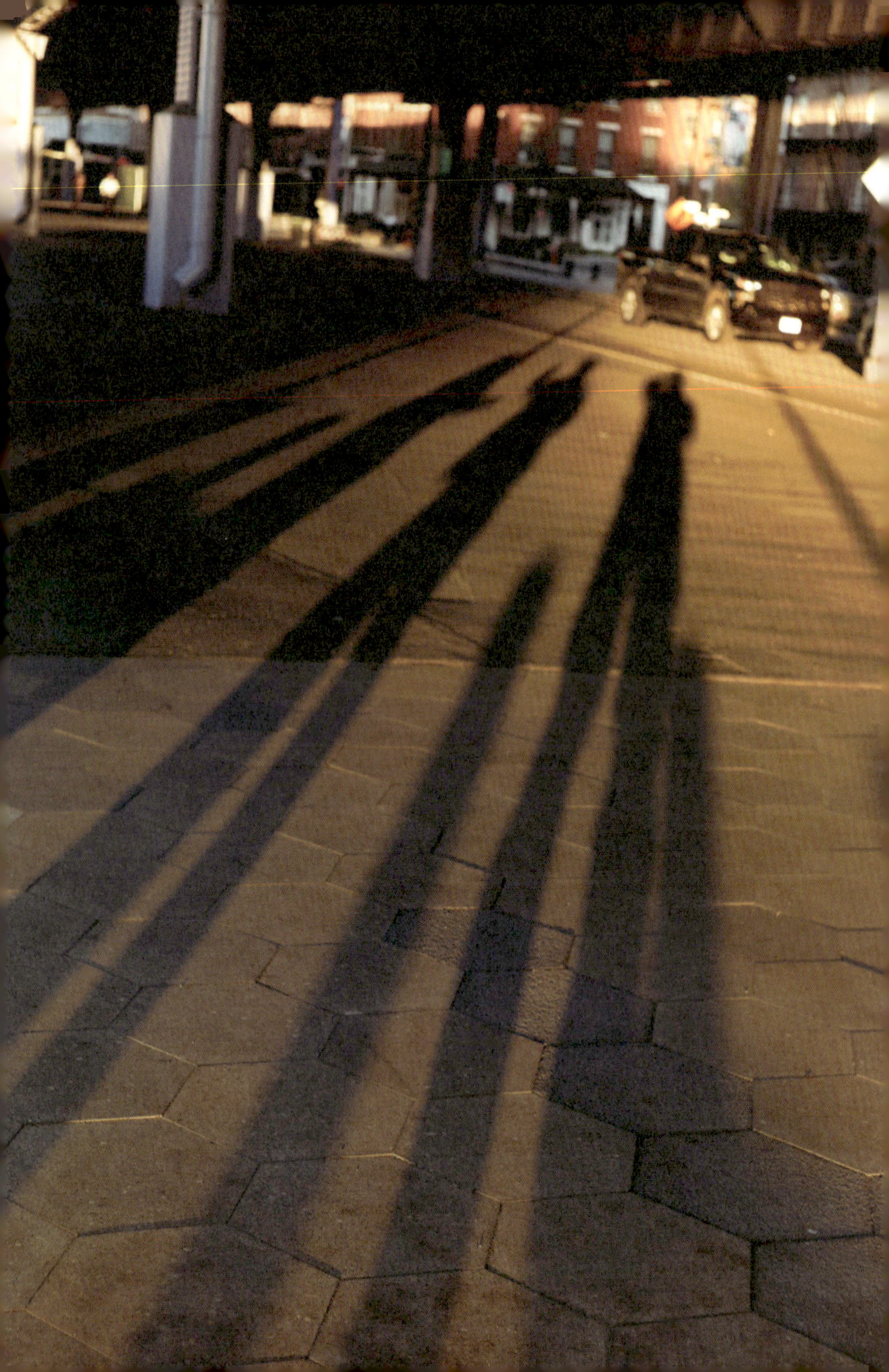

MIDNIGHT PIZZA CLUB
1st BLAZE LANGTANG VALLEY

K.O. Burger
WELCOME TO THE CLUB
BURGERS and RIES
WWW.KOBURGER.COM
紐約
職業介紹所

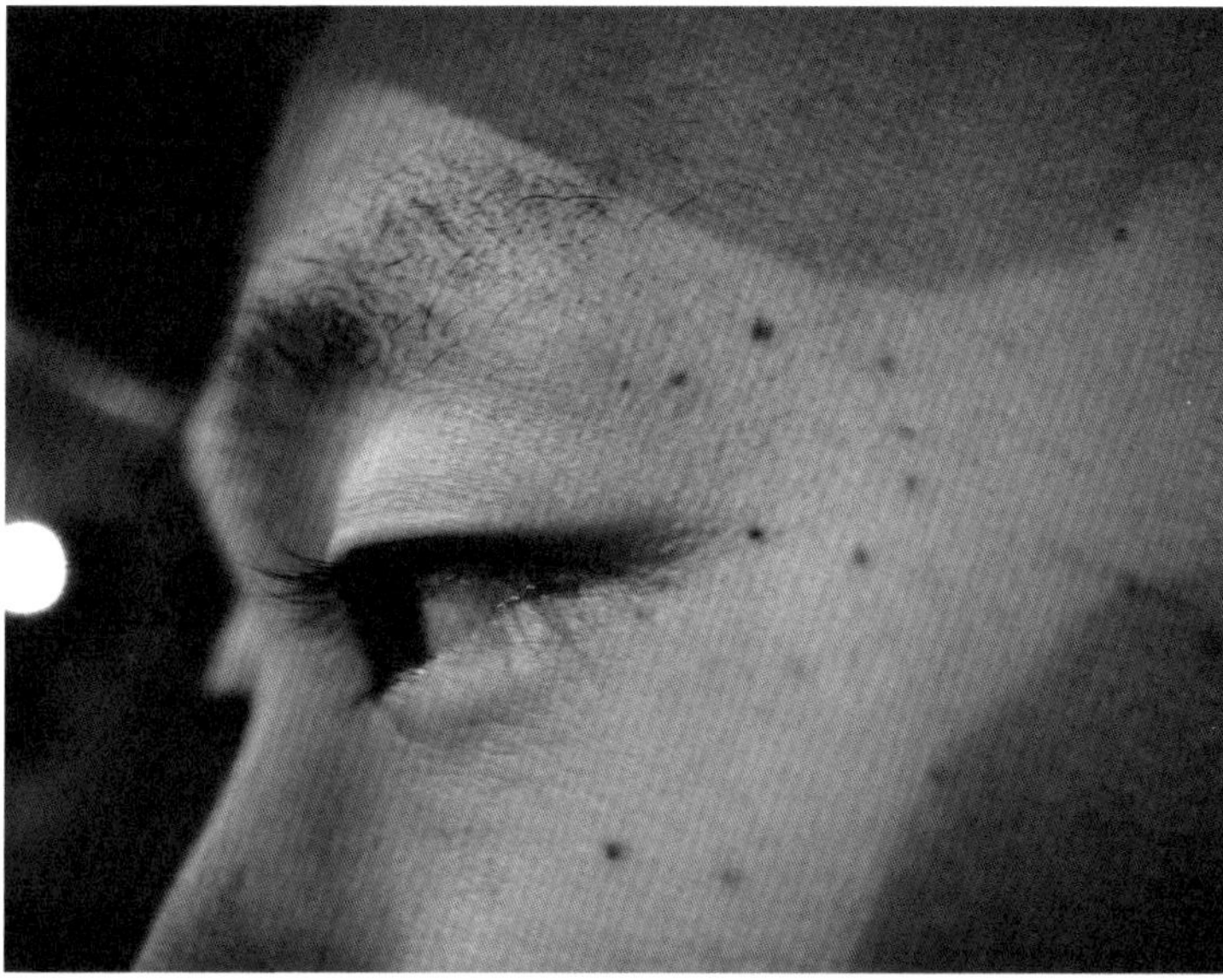

SAY NO TO
EVERYTHING

R1
Emergency Instructions
Priority Seating
for persons with disabilities

$5.99
ONE WAY
STREET
SPA
Canon
Konica

SPORTS
BIG POWER
JVC
BOSE
K.O. Burger
K.O. BURGER
HAND SMASHED

NO

MIDNIGHT
PIZZA
CLUB

1

その男は突然やってきた。

「あのー。こちら上出《かみで》さんのご自宅であってますか？」

施錠された扉の前で、男は寒そうに体を揺すっている。私と阿部《あべ》ちゃんは暖房の良く効いた部屋で、その様子をモニター越しに眺めている。

「あれ？　違ったかな。あれ、すいません、上出さんのご自宅ではないですかね？」

私たちはあまりの驚きに適切な一言目を見つけられない。男は不安そうにモニターの中を右に左に動き回り、「違ったかなあ」とぼやきながら携帯電話を顔に近づけて眺めている。あるいはインターフォンのカメラに向けて、携帯電話で何かを確認している様を演じている。男は演じるのが上手い。もしかしたら、私たちがモニターのこちらで息を潜めていることにも気づいているかもしれない。

「本当に来た」と私の耳元で吐息混じりに囁《ささや》く阿部ちゃんが、驚きと喜びと困惑とが一緒くたになったような、ざっくり言えばちょうど変態のような顔をしてじっとこちらを見つめている。阿部ちゃんは時折この顔をする。子犬がびっくりするとおしっこを漏らしてしまうのと、だいたい同じ原理だ。

軒下の男は檻に入れられたネズミのように動き回っている。

まずい、と私は思う。ニューヨークの冬はざっくり北極バリに寒い。風が吹けば瞬く間に体温を奪われる。そう、ここはマンハッタン。そのうえ夜の十二時を過ぎている。日本にいるはずのその男は、突如として私が借りているアパートの玄関先に現れ、そして深夜の風に吹かれて凍えているのだ。

ざっくり一刻を争う状況である。

私は何かに導かれるように、インターフォンのコントロールパネルに手を伸ばす。

〔終了〕と〔解錠〕のボタンが隣り合って並んでいる。その手前で、私の指はぴたりと止まる。このまま居留守を貫き、男を凍てつく深夜のニューヨークに置き去りにするか。あるいは迎え入れ、このあと確実に巻き起こる混乱に身を委ねるか。

私は自分の人生を振り返る。幸運なことに可もなく不可もない幼少期を過ごし、幸運なことに大学にまで進学して、幸運なことに立派な企業に就職し、幸運なことに独立して、幸運なことにニューヨークで暮らしている。全ては導かれるままに。

ジーーーー

耳障《みみざわ》りなアラートが鳴り響き、玄関扉の錠が解かれる。私は〔解錠〕のボタンから指を離し、濁流に身を任せる準備を整える。そしてリュックサックを背負った男が部屋に転がり込んでくる。

「やっと会えたー！」

男の名は仲野太賀《なかのたいが》。俳優である。

三人が揃《そろ》って顔を合わせたのは、この時が初めてだった——と言うには色々と唐突すぎるから、順を追って説明しよう。

新型コロナウイルスが豪華客船で日本に押し寄せたのと時を同じくして、写真家の阿部ちゃんと私は出会った。雑誌に掲載するスノーボードウェアの撮影で、被写体が私、カメラマンが阿部ちゃんだった。阿部ちゃんと私はどちらもその雑誌チームに初めて招集された立場で、いささか門外漢の感が拭《ぬぐ》えなかった。雪の溶けかけたゲレンデで、十年ぶりのスノーボードを滑らせる私を、阿部ちゃんは並走しながら撮影する。ときに私を止まらせ、眩しそうな表情をさせたりなどしてまたシャッターを切る。そばにいる編集者に写真を送ると、その編集者が東京にいるクライアントに転送する。私は大変な不安に襲われる。就職活動で経験した、合否を待つ時のあの居心地の悪さだ。しばらくすると返事が来たのだろう、スマートフォンを持つ編集者の元に、アシスタントやクリエイティブディレクターが駆け寄る。八秒程度のゴニョゴニョが終わると、編集者は妙に明るい声で「もう何パターンかいきましょう！」と声を上げる。私は気を遣わせているのを感じて泣きそうになりながら、再びリフトを目指して滑り降りる。ゴーグルを外せば、滲《にじ》み出す涙を風が根こそぎさらってくれる。わかっていたんだ。自分がスノーボードウェアのモデルに相応《ふさわ》しくないなんてこと。むしろ相応しい箇所を見つけることのほうが難しいんだ。しかしもしかしたら、という希望的観測がいけなかった。物事はそう思い通りにはいかない。私と阿部ちゃんは二人並んでリフトに座る。

「なんかすいませんね」

私がボードに着いた雪を執拗《しつよう》に蹴落としながら詫びると、「いやいや！　結構良いの撮れてるんですけどね！」と阿部ちゃんは勇気づけてくれる。その顔をチラリと覗《のぞ》き込むと、気まずさと不甲斐なさと困惑とがないまぜになったような、やっぱりズバリ変態のような顔をしているのだった。

というのが私と阿部ちゃんとの初顔合わせである。完成した雑誌はとても素敵で、我が両親などは普段見せない息子の爽やかな表情に喜悦《きえつ》の声を上げたものである。

以来、阿部ちゃんは私に写真のことを教えてくれる先生となった。カメラを買いに行くにも付き添ってくれたし、フィルムを現像に出すにも付き添ってくれたし、私が一人である美術展に行った際、たまたま家族連れで来ていた阿部ちゃんは私の姿を見つけるなり家族そっちのけでこちらに付き添ってくれるのだった。それからは仕事でもしばしば顔を合わせることがあった。山岳ブランドの撮影では私が被写体、阿部ちゃんがカメラマンの座組で山に入ったかと思えば、人気モデルでごった返すファッションブランドのイベント会場で遭遇したこともあった。動画撮影を依頼されていた私のカメラモニターに、突如ヒゲまみれの山賊が映り込んだと思ったら、それが写真撮影を依頼された阿部ちゃんだった。私と阿部ちゃんは、登山業界とファッション業界を節操なく行ったり来たりするいささか稀《まれ》な存在であることと、ファッション関連の撮影では嫌な汗が吹き出すことが共通している。阿部ちゃんは主に著名人のポートレイトやブランドの広告撮影を生業《なりわい》としているが、ライフワークの現場は山にある。バイテンと呼ばれる、木箱のような古くて重い写真機を担いでヒマラヤあたりの山に登る。そして信じられないほど高価なフィルムを装塡《そうてん》し、たった数枚の写真を撮る。それが写真家阿部裕介《ゆうすけ》の本来の姿である。そうして撮られた写真は写真集になったり、雑誌の表紙を飾ったり、お金持ちの家に飾られたりしている。いずれにしても、拷問のようなその作業によって撮られる写真はやはり圧巻なのである。

一方、太賀くんと私が出会ったのはもう少し後のこと。パンデミックが概《おおむ》ね収束した夏の、代々木上原の海鮮居酒屋で彼は私を待っていた。温泉帰りだという太賀くんはサラサラの髪の下で頰を紅潮させて、「初めましてー」と笑っている。すると隣のツナギ姿の男がさらにサラサラの前髪をかき上げて「ここ、食べログの星少ないんだけど美味《うめ》えんだよ。何飲《い》く?」と注文を促してくれる。出会った人間を全て虜にしてしまうカルチャー人間磁石こと、スタイリスト伊賀大介《いがだいすけ》である。

「ようやく会わせられたわー」と、センター分けの髪をなおかき上げながら眼を細める伊賀さんもまた、剝《む》いたばかりのゆで卵みたいにツヤツヤとしている。兄弟のように仲の良い二人は、忙しい合間を縫《ぬ》って馴染みの温泉へ朝から車を飛ばしてきたらしかった。

「次絶対《ゼッテー》上出くんも連れて行くわ。本当《マジ》に素晴らしい《ハンパじゃない》から」

江戸っ子丸出しの伊賀さんはそう言うと、いつも背負っているバックパックから「てやんでえ」などと呟きながら裸の本を掴《つか》み出した。

「これすごく《ベラボウに》面白《おもれー》かったから」

読書家の伊賀さんは会うたびに新旧問わず推薦図書を持って来てくれる。

「いいんですか⁉」

「いいよいいよ、もう一冊持ってるから《あたぼうよ》」

ここで「何で二冊買ったんですか？」などと聞いてはいけない。「野暮だね兄ちゃん」と伊賀さんの声が遠くから聞こえる。

伊賀さんが推薦する店は間違いない。私たちは大きなコロッケなんかに舌鼓を打ちながら、生ビールを際限なく飲み干していく。風呂上がりの二人は言わずもがな、私の体もゴクゴク酒を取り込み酔っ払う。店を変え、酒を変え、前後を失い、記憶を手放し、私が意識を取り戻したのは心地よい朝日が降り注ぐ渋谷の道端だった。

と、そのような夜を経て、気がつけば翌月には伊賀太賀上出の三人で山道具を買い揃え、奥多摩山中に湧く三条の湯へ湯治に行き、さらにその翌週、私と太賀くんとはバカでかいバックパックを背負ってアラスカの荒野を歩いていたのである。酔いに任せて山の魅力を説いたのだったか定かでないが、少なくともあの夜、山へ通ずる二人の扉を開いてしまったことは間違いないだろう。

とにかく、私と阿部ちゃん、私と太賀くんはそのようにして出会った。そして、恥ずかしげもなくミッドナイト・ピッツァ・クラブ（ＭＰＣ）と名乗るようになったのが、二〇二三年十二月。冒頭のニューヨークである。

阿部ちゃんと私がニューヨークのジョン・Ｆ・ケネディ国際空港に降り立つと、電波をキャッチした携帯電話が複数の不穏なメッセージを受信した。送り主は仲野太賀。一連のメッセージは、私たちが空の上にいた時からおよそ二時間おきに送信されていた。

一通目は、下位置から自分の顔を捉えた写真に「こっちはめっちゃ寒いよ」と添えられている。背景の青々とした空の隅に、実にアメリカらしい緑色の道路標識が端だけ写り込んでいる。絶妙な画角で、標識の記載内容も解読できなければ、その他に場所を特定できる要素は見当たらない。立て続けに「とりあえず、フォー食べてます」というコメントと写真が送られて来ている。そのフォーは、器にしても、表面に浮かぶローストビーフのようなピンク色の肉にしても、添えられた生バジルとレモンとモヤシにしても、紛《まぎ》れもなくニューヨークスタイルのフォーだった。私は勘づいた。この日のおよそ一ヵ月前、仕事で日本に滞在していた私と入れ違うように、彼は休暇をニューヨークで過ごしていた。その時の写真を使って、まるで自分も今ニューヨークにいるように演じて面白がっているのだろう——私はしばし、戯《たわむ》れに付き合おうと思った。なぜなら彼はこの旅に参加できず、寂しさを抱えているはずだったからだ。

私と阿部ちゃんは、今回のニューヨーク滞在のことを太賀くんに伝えていた。もしも時間があったらおいで、と。とはいえ、彼を誘ったのは渡航の確か三日前で、売れに売れている俳優である太賀くんは当然ながらスケジュールの調整ができなかった。当然である。だからあまりにも直前に、中途半端に声をかけてしまったことに仄《ほの》かな罪悪感を覚えていた私は、彼の子どもじみたいたずらに付き合う義務があると思ったのだった。がしかし、次のメッセージが私を混乱させた。「ぼちぼちロシアンサウナでボルシチかますとしますか」というコメントと共に送られて来た写真。白い器になみなみ注がれた真っ赤なボルシチの横に、見慣れた書籍が置かれている。『歩山録』というタイトルのそれは、上梓《じょうし》したばかりの私の著作だった。おかしい。一ヵ月前には、この本はまだ発売されていない——いや、違う。この写真は、東京のロシア料理屋で撮ったものに違いない、そう私は考えた。危ないところだ。過去の写真と今の写真を巧妙に織り交ぜて攪乱《かくらん》してくる。もしかしたら、この戯れのためにわざわざ私の新刊を買い、食べたくもないボルシチを食べにロシア料理屋に入ったのかもしれない。実に侮れない小僧だ。私は早鐘を打ち始めた心臓を宥《なだ》めすかし、何とか入国手続きを済ませ、なぜか顔中に玉汗を走らせる阿部ちゃんを連れて、マンハッタンの自宅に辿《たど》り着いた。

そのわずか十五分後。阿部ちゃんが来客用のベッドに寝転び「めちゃくちゃいいじゃんここ！」と張り上げる声を搔《か》き消すように、大音量の呼び鈴が鳴った。モニターの中では、最初に送られて来た写真と同じ格好をした仲野太賀が、じっとこちらを見て立っていたのだった。

正直、引いた。

こいつ、マジで来たじゃん、と思った。

そして私たちはそれから丸三日、眠ることも忘れて遊び続けた。妙な興奮は何度布団に潜り込んでも途切れることがなかった。ダイナーで飯を食い、自転車で街を駆け巡り、クラブで踊り狂い、カラオケで喉を嗄《か》らし、ピザ屋に駆け込んで腹を満たした。それが悪夢のように繰り返された。熱病に冒されたようで、出口のない輪に囚われたようでもあった。ニューヨークのピザ屋は朝まで営業している。というより、朝までやっている飲食店といえばピザ屋くらいしかない。だから私たちは、連日連夜ピザを食うことになった。何度目かわからない深夜ピザの後、何軒目かわからないクラブへ向かうタクシーの中で、私たちはミッドナイト・ピッツァ・クラブという名を授かった。嘘じゃなく、私たちのタクシーに衝突するようにして、その名前は私たちのもとにやって来たのだった。

さて、そんな混乱の中で、私たちはネパールに行くことを決めたらしい。正直言って私はその過程を覚えていない。酒を飲まない阿部ちゃんが後日そう教えてくれた。胃袋をパンパンに満たした私たちは、我が家に尾羽打ち枯らして帰りつき、わざわざ日本から持って来たカップラーメンを肴《さかな》にめげることなくビールを呷《あお》り続け、次の旅はネパールだと決めて、私は自分のベッドに、太賀くんは客用のベッドに、そして阿部ちゃんはクローゼットの床に寝たらしい。ありがとう阿部ちゃん。そして私たちの旅が始まった。

Ncell

PELAGE EXPORTERS
THANKA HOUSE

uddha Lounge Bar
GEMS
LOYAL CARGO & EXPORT
BIG

STOP
GO
शौचालय

LANGTANG VALLEY
MAP

2

　タクシーは路上に溢《あふ》れる酔客を避けながら、カトマンズの繁華街をそろりそろりと進んでいく。ビルとビルの間に渡された無数の赤い提灯《ちょうちん》が、フロントガラスに反射して流れていく。ニューヨーク事変からわずか三ヵ月。私は一人、ネパール・カトマンズの空港から、二人が泊まっているホテルを目指していた。

「大勢死にました」

　運転手さんが外の喧騒《けんそう》に負けじと声を張り上げる。コロナ禍のカトマンズはどんな様子だったのかと、私が訊ねたのだった。ネパール全体で一万人以上が犠牲になったとニュースでは聞いていた。ビール瓶を手にふらつく若者でごった返す街を目にして、あの時ここはどうだったのか知りたくなった。

「当時はこんなに人もいなかったんでしょうね？」

　答えをしばらく待つが、運転手さんが口を開く様子はない。私の英語が間違っていたのか、耳に届かなかったのか判然としなかったが、わざわざもう一度聞くのも気が引けた。手持ち無沙汰な車内を当たり障りのない会話で満たそうとしたに過ぎない。そんなことのために疫病を持ち出した自分も褒められたものではないし、そもそも手持ち無沙汰なのは私だけで、運転手さんは携帯電話に表示される地図を睨《にら》みつけている。なんだかぐるぐると遠回りをしているようにも感じるが、道の指示をするつもりはない。きっと彼には彼の行き方があるのだし、私は身を任せることに決めている。それには理由がある。この数時間前、大声で怒鳴り散らす白人男性を空港で見た。入国審査を待つ行列の手前の人混みの中で、男は叫んでいた。

「さっきはそこの機械で一時間待って、ここでまた二時間待つのか⁉　俺はもうここでタバコを吸うぞ！」

男はポケットからタバコを取り出し、印籠《いんろう》のように掲げて周囲を睨《ね》め付ける。彼の気持ちは痛いほど理解できた。確かに、着陸してから二時間経っても入国手続きさえできない状況はシステムの失敗と言わざるを得ない。入国に必要なビザを取得するための機械は半数が故障していて、恐るべき行列ができていた。生きている機械もその操作がまた難解で、何度もやり直す旅行客が続出し、行列はぴたりと止まって動いている様子さえない。どうにかこうにか機械まで辿り着くと、そのすべてに同じ注意書きが貼《は》られているのに気がついた。

「紙が切れている場合は、画面を写真に撮って保存してください」

入力操作が終わるとその内容が印字されて出てくる仕組みだが、紙が充塡されていない場合は手続き完了の画面を撮影しておけというのだ。言わずもがな、すべての機械の紙が切れており、高齢の客は写真を撮るのにまごつくし、画面のどの部分が重要なのか知る由《よし》もないため、反射を避けながらいくつものパターンを撮影するから誰も彼もが時間を要する。欲しくもない写真で旅の初日の画像フォルダを満たしたら、部屋の反対側にあるブースでビザの代金を支払わなければならない。さっきの機械で支払えるようにしておいてくれよ……などと思ってはいけない。郷に入っては郷に従えで、粛々と支払いブースへと伸びる行列に並ぶ。そしてなぜかスタッフが斜《はす》に座って構える窓口に辿り着くと「カードの読み取り機が故障しているので現金での支払いしか受け付けられない」と仰《おおせ》られる。行列の最後尾から「カード可」の表示が見えたからそこに並んだのに……などと思ってはいけない。私は粛々とブースを離れ、部屋の反対側にある両替窓口の行列に並ぶ――といったことを繰り返し、ようやくビザを取得して入国審査へつながる行列に並んだところで、前出の白人男性がお目見えしたものだから、私はその心持ちを瞬時に理解できた。そんな私の心情を察知したのか、男性はこちらに近づいてきてこう言った。

「お前も吸うだろ?」

私は驚いて思考が一瞬止まったが、すぐに怒りが湧いてきて「ノー」とだけ言ってそっぽを向いた。苛立《いらだ》つ気持ちもわかる。飛行機の到着から空港を出るまでに三時間もかかればその後の予定も狂うだろう。いや、この調子だと荷物の受け取りがスムーズにできるとも思えないから、もっと時間を要する可能性は十分ある。しかし、その男性の態度は私の目に醜く映った。あなたの国がどれだけ偉いか知らないが、ここはネパールだ。自分の当たり前を他人に押し付けるような態度はやめた方がいい。それに、そこで叫んだところで何も変わらないし、タバコを吸ってやるなんていうのは論外で、子どもの駄々と変わらない。さらに言えば、威勢が良いのは結構なことだが共犯者を求めるそのけつの穴の小ささにこそ私は苛立ちを覚える。だから私は行儀よく列に並び、恐るべき遅滞に身を任せる。これだけの人間が待っているというのに、いくつもあるゲートのうちの二つしか稼働していない。それでもかまわない。急ぐ必要なんてどこにあるのだろう。大いなる川の流れは遅く見えるものだ。私はそこに揺蕩《たゆた》うひとひらの落ち葉――それにしても進まない。いくらなんでも進まなすぎる。手元の難解な文庫本が四ページ進んだのに私自身は一歩しか進んでいない。そこはかとなく感じていた尿意が、ここにきて借金取りのノックのように膀胱を叩き始める。一度列を離れてトイレを探すべきか。いや、トイレがこの空間にあるとも限らない。改めて列の最後尾に並ぶことになろうものなら、これまで大事にしてきた諸々がジョバジョバ流れ出して床を濡らすことになるだろう。このまま列に残り、入国手続きを済ませることが肝要だ。額に脂汗が滲み、視界がチカチカと明滅する。「なんならここで漏らしてやろうか!?」と叫び出したい気持ちをどうにか押さえ込む。私は悪くない。責任はこの空港の破綻したシステムを作った誰かにある。私の後ろに並ぶネパール人の男性を捕まえて「なあ、一緒にここで漏らすだろう!?」と凄みたい。しかし私は先述の通り、タバコを吸おうとする男性に対して巨大な正義を振り翳したばかりである。今思えば彼も私と同種の苦しみを抱えていたのかもしれない。自らの恥部を晒さざるを得ない状況に至って、彼はどうしても責任を誰かに負ってもらわなければならなかった――しかし私は耐える。耐えに耐えて、いよいよ入国審査の順番が来たところでようやく壊滅的な遅さの原因がわかった。審査官がめちゃくちゃおしゃべりなのである。私が日本人だとわかるや否や、「東京には行ったことがないんだが、どんなところだ」とか、「親戚が日本に行ったことがあるんだが、自分はチャンスがなくて行けてないんだ」とか、「ここから日本まではいくらかかるんだ」とか、私のパスポートを片手に喋《しゃべ》り続ける。最後には「日本はいい国だ、ようこそネパールへ」と言ってパスポートを返してくれた。

不思議と悪い気はしなかった。人質に取られた被害者が犯人に好意を持ってしまうストックホルム症候群に近いものだったかもしれない。身柄を拘束されて、自分の力では如何《いかん》ともし難い中で、支配者が心を通わせるような態度を示した時、つい「好き」となってしまう現象。と、そんなようなことを経て、ニューヨークを出発して実に二十六時間後、湿ったパンツをバックパックに押し込んだ私は二人の待つホテルに辿り着いたのだった。

3

私の電動シェーバーで陰毛を剃《そ》っている男がいる。仲野太賀だ。説明しよう。

長旅の末、ようやくホテルに着いた私を迎えてくれたのは、マッサージを受けてきたばかりの二人だった。「来たあー！」つるんと丸い顔を輝かせる太賀くんが、黒目がちな瞳を細めて小動物みたいにこちらを覗き込んでいる。その後ろで、ヘアバンドをつけてパイナップルみたいになった阿部ちゃんが無表情でシャッターを切って、「上出さんこっち」と私を部屋へ案内する。

寝返りを打てば転げ落ちてしまう激細ベッドが置かれた部屋で、私たちは久方ぶりの抱擁を交わす。

「いやあ、長かった。二十六時間かかった」

太賀くんは嬉しそうに「そんなかかるんだあー！」と間違いのないリアクションを返してくれる。ネパールのマッサージはどうだったのかと聞くと、サイッコーでした！　と太賀くんが答えるのに被せて、阿部ちゃんが首を傾《かし》げる。

「いや、俺めちゃくちゃ痛かったんだけど！　っていうか、親知らず抜いたところもずっと痛い！」

血流が良くなって、抜歯した箇所が痛んだのだと私は補足的に理解する。太賀くんは「それはかわいそうに」というように曇りなき同情の顔を浮かべている。しかしそれは阿部ちゃんの望んだ反応ではなかったのだろう、何かを挽回するようにすぐに言葉を継ぐ。

「でも俺、歯茎健康で全然血が出なかったんだよね、実際」

血が出なかったことを知らされても、私たちはなんと反応すべきかわからない。

「ほお」

「ほお」

太賀くんと私はそう発声するのが精一杯だった。なお、阿部ちゃんは「実際」という言葉を句読点のように用いる。レストランに入れば「三人です！　実際！」といった具合である。

そんな阿部ちゃんに、私たちは頼りきりだった。この旅の場所選びも、旅程作成も、道具の準備も全て阿部ちゃんがやってくれた。私と太賀くんはほとんど手ぶらで、決められた日時に決められた場所に行くだけだった。

歯茎の話を終えた阿部ちゃんは、自室から私の分の道具を持ってきてくれた。ザ・ノース・フェイスが提供してくれた靴と靴下とタイツとTシャツとジャケット。オルビスが提供してくれた化粧水に日焼け止め。それに阿部ちゃんの奥様（通称さおりんご）が用意してくれた行動食。それを三人分運んできてくれたのだから、「パッキングしてたから前日眠れなかった」と彼が嘆くのも当然だった。その中に、電動シェーバーがあった。それはパナソニックの「ラムダッシュ パームイン」という新製品で、その名の通り手のひらに収まるすこぶるコンパクトなものだった。私はこれまで十年間、毎朝T字カミソリで頭を剃り上げてきた。一種の儀式のようなもので、熱いシャワーを浴びながらそれを執り行うことで一日が始まる気がするのだ。しかし、山にはシャワーがない。シャワーがなければT字カミソリで頭を剃ることはできない。一方で、電動シェーバーであれば剃った後に水で流す必要もない。しかし、電動シェーバーは嵩張《かさば》るし重いし、山へ携えるには向いていない——はずだった。そこに「パームイン」が登場したのである。四万円近くと値は張るが、バックパックに入れてもギリギリ許容できるサイズなうえに、USB-C充電であるからその他の機材と電源を共有できる。そこで私は人生初の電動シェーバーデビューを決意し、阿部ちゃんに日本から買ってきてもらえるように依頼していたのであった。

「ごめんなんだけど」と、卵にそっくりな形をしたそれを取り出しながら、阿部ちゃんが不穏な語りを始めた。

「ちょっと確認したくて、腕毛だけ剃ってみた」

まあ、確かに初期不良もありうるわけで、動作確認をせずに国外へ持ち出すのは賢明と言えない。むしろ感謝すべきことだと自分に言い聞かせる。

「剃れなかったけどね」

剃れなかったらしい。シェーバーというのはバリカンではないから、長さのある腕毛などを剃るのは苦手なのだろう。まあ、動くことだけは確認したうえで持ってきてくれたことに感謝すべきだ。

「すごいなー。これ気になってたんだよなー」と太賀くんがシェーバーを手にした、次の瞬間である。徐《おもむろ》にズボン、いや、パンツもろともずり下ろし、自らの隠武を顕《あらわ》にしたかと思えば、シェーバーの電源を入れると同時にそれを茂る毛に押し当て始めたのである。茫《ぼう》然《ぜん》自失とはこのことを言うのだろう。私は目の前で、人生初の、わざわざ日本から買ってきてもらった、高価な電動シェーバーが、友人の淫毛をバリバリと貪《むさぼ》るように飲み込んでいく様を、ただじっと見ていることしかできなかったのである。その時私の心に去来したのは疑いもなく諦念と呼べるものではあったが、それと同時に、悪食《あくじき》の退廃に似た快感もまた経験していた。シェーバーは「マラモウマラモウ」と妙な雄叫《おたけ》びを上げながら、彼の毛を食べ続ける。隣では阿部ちゃんが壊れたラジオのように「ジッサイ……ジッサイ……」と繰り返している。我が愛しのシェーバーはあっという間に毛を食べ切り、淫毛役者仲野太賀の淫武は赤子のそれのようにつるりとお目見えし、いざゆかんとばかりヒマラヤへの昂《たかぶ》りを示すのであった（※パナソニック　ラムダッシュ　パームインで長い毛を剃ることはできません。本文中の表現は著者の曖昧模糊《あいまいもこ》とした記憶によるものであり、事実に即していない場合があります。ご留意ください）。

4

旅を充実したものにするための鉄則は、一にも二にも早起きである。早い時間に動き始めることで、一日中焦らず行動できるし、天候が崩れるのは大体午後だから晴れている時間を有意義に使える。それより何より、朝というそれ自体が素晴らしい。

街を離れて山へ向かう日、私たちは七時に荷物をまとめて部屋を出た。山へ担いでいくものはバックパックに納め、そうでないものはスーツケースに入れてフロントに預ける。ピックアップは一週間後。私たちはこれからヒマラヤの谷を歩くのだ。

早朝の淡い光の中で、チャーターしたインド製の四輪駆動車が私たちを待ち構えている。クラブに囲まれた繁華街のど真ん中だけれど、朝はとても静かだ。街全体が夜通しの遊びに疲れ果て、どこもかしこも眠りこけている。寝坊して集合時間に遅れた太賀くんはいつも通り悪びれる様子もなく、道端に伏せる犬を写真に収める。「いいですねー」と語りかけられる犬は満更でもなさそうで、建物の間を縫って差し込む朝日に目を細める。

「隣のクラブからずっと懐メロが聞こえてきて全然眠れなかった、実際」

阿部ちゃんは山男然とした見た目によらず、実際に繊細らしかった。身長170㎝、体重80㎏（いずれも推定）とも言われる阿部ちゃんの胸板は新左翼党派革命的共産主義者同盟全国委員会（通称「中核派」）のアジトである前進社の何重にもなった鉄製扉のうちの一番分厚いものほど厚く、二の腕は焼酎甲類の大親分こと「大五郎・４ℓボトル」に迫る勢いで、手指に至っては当然のように私の二倍の太さを誇っている。そんな阿部ちゃんであるが、肉を食うと腹を下し、酒を含むと飲み込む前には酩酊《めいてい》するほど繊細で、つまり中身は越後製菓が誇るふわふわ系菓子の終着点こと「ふんわり名人　きなこ餅」が如き扱いを要する。

「砂埃《すなぼこり》が舞ってるからだろうね、光が綺麗に見える」

徐々に明るさを増していく表通りに目を向けて、阿部ちゃんが独りごちる。確かに、どうしてこんなに綺麗なのかと私も不思議に思っていた。都市の清潔さもなく、自然の力強さもなく、気だるそうに軒先で座り込む男や、その頭上でイカ墨スパゲティのように絡まる電線で構成された街に注ぐ光が、妙に美しかった。それは砂埃のせいだと、阿部ちゃんは看破した。未舗装の道路を行き交う人々が蹴上げた砂が一昼夜浮遊する。光はその粒子に軌跡を残し、幾らかは真っ直ぐに金色の線を描いて、それ以外はフィルムカメラで撮った写真のような微《かす》かなざらつきを風景にもたらしている。いつかケニアのゴミ山で見た二重の虹も、空気の汚れによって出現すると聞いた。因果なものだと思う。綺麗な世界では、綺麗なものが見えなくなる。

三人揃った私たちに、旅行会社のラグーさんが「乾杯」と言って熱いチャイを差し出してくれる。ショットグラスサイズの小さな紙コップから、真っ白い湯気が立ち上がる。真っ先に口をつけた太賀くんが「うっめー」と目尻を下げる。私も恐る恐る口をつける。「うまぁ」と自然に言葉が出てしまう。本当に美味いのだ、これが。牛乳の重いコクと甘みが舌を包み、カルダモンやクローブのえも言われぬ香りが鼻に抜ける。飲み下した時に口の奥で感じる茶葉の渋みが、次の一口を促してくる。そして脳を痺《しび》れさせるほどの砂糖の甘さ。砂糖と一番相性の良い飲み物はチャイなのでは？　と言う太賀くんに私は深く頷いた。摂氏十度を下回る二月のカトマンズの朝に、これより相応しい飲み物はないだろう。少し物足りないくらいのサイズでも、熱が腹からじわりじわりと体の隅々に行き渡る。阿部ちゃんは「熱っ！　なんでみんなこれ持てるの⁉」とひとしきりチャイの熱さに悶《もだ》えた後、一口飲んで「お腹痛いな……こっち来てからずっと下痢してる。いっつもそうなんだ。インドとネパール来たら、最初はずっと下痢なんだ」と寂しそうに俯《うつむ》いている。阿部ちゃんの繊細さには同情するが、朝はやっぱり素晴らしい。

5

私たちはここカトマンズから車で北へ七時間、中国国境手前のシャブルベッシという村落へ向かう。標高１４６０ｍに位置するシャブルベッシは、そこから東へ伸びるランタン谷の玄関口だ。「世界一美しい谷」――かつてイギリスの高名な登山家はここをそう評したらしい。私たちはこの谷をおよそ一週間かけて歩く。最奥の集落キャンジン・ゴンパ（標高3840m）を目指し、さらにそこからキャンジン・リー（標高4773m）の頂上を踏むつもりだ。距離にすれば65㎞程度と怖気付くほどのものでもない。少し無理をすれば三日で歩き切れるようにも思えるが、阿部ちゃんは「高山を舐《な》めるな」と私の思い上がりを一喝する。阿部ちゃんと太賀くんは今回の山行に先んじて、東京で高所トレーニング（一人一万九千八百円）に参加してきたらしい。人工的に気圧を下げたトレーニングルームで階段の上下運動を行うことで、低酸素下での呼吸法などを習得する。二人はその苦しさを体感したようだった。それに阿部ちゃんはランタン谷をこれまで何度も歩いている。だから阿部ちゃんの指示に従うのは当然のことだった。

七時半。私たちを乗せたマヒンドラ社製の四輪駆動車「スコーピオ（蠍《さそり》）」は北へと走り始めた。運転手さんは名前をオムレツさんと言った。何度聞き返してもやっぱり「オムレツ」で間違いないようで、そのうえ名は体を表すというか、つまり彼自身オムレツ的なキャラクターでもあった。柔らかく、キャッチーで、誰からも嫌われない、そんな雰囲気。兄弟の一人は岡山県に十五年も住んでいるという。助手席の阿部ちゃんは頻《しき》りにオムレツさんに話しかけ、オムレツさんもニコニコと答えている。

カトマンズをぐるりと取り囲む幹線道路を横切る時、私の隣に座る太賀くんがおーーーと声を漏らしてカメラを窓の外に向けた。巻き上げられたばかりの砂埃がオレンジ色に焼かれる中を、車とバイクと歩行者が入り乱れている。まだ低い太陽が道に落とすひょろ長い無数の影が、心をくすぐるような感傷をもたらす。どんな写真が撮れているんだろうと、ファインダーを覗く太賀くんの後頭部を見ながら想像してみる。彼は相変わらずフィルムでの撮影にこだわり、アラスカ山行用に買った鉄の弁当箱みたいな旧式のカメラを今回も首から下げている。フィルム自体の値段は上がり続けるし、現像にも信じられないほどお金がかかるし、写りにしたってデジタルと変わらないと言われることさえあるけれど、その場で何が撮れているかわからないということ自体が既に優れた価値だ。現像の喜びを考えれば、二度旅ができると言っても過言ではない。

幹線道路を越えると、道の様子が露骨に変わった。舗装されていない道路には落とし穴のような穴がボコボコと開き、急坂をぐんぐん上がったかと思えば転げるように下る。四輪駆動じゃなければ歯が立たない。どれだけ探しても後部座席のシートベルトを見つけられず、オムレツさんに尋ねると「壊れてなくなっちゃったけど安全運転でいくから安心してくれ」とのことだった。バックミラーに映るオムレツさんの笑顔が怪しく歪《ゆが》んだ直後、タイヤが大きな段差に乗り上げたのだろう、私は鉄板の天井に頭を打ちつけて不安も疑念も全て忘れた。

峠をいくつか越えると、前方に連なる深い谷に大きな棚田が見えた。そうか、ネパールにも棚田はあるのかと、懐旧の情を覚える。田植え前の枯草色の寂しさも、どこか懐かしく感じさえする。けれどその感傷はグロテスクだと、すぐに自分を戒めた。「古き良き日本」なる標語をはじめとする日本礼賛《らいさん》は結構だが、そういった評価がいつの間にか「日本由来」にすり替わっていることがある。日本人の食卓の最重要品目である白米だって、遡れば縄文時代に大陸からやってきたのだ。だから、ネパールに棚田があることはむしろ自然なことで、感慨に浸るなら自分たちのルーツを目にしたことに起因する感謝であるべき——などと、重畳たる棚田に目をやりながらややこしいことを考えていると、ぬぉ！　と阿部ちゃんの叫び声が聞こえる。

「見て！　奥！　山！」

太賀くんと私は頭の位置を下げて先を見ようとするが、車の天井に遮られて見通せない。阿部ちゃんの興奮を察したオムレツさんが車を道の端に寄せると、私たちはケージの扉を開けられた家犬のように飛び出した。

それは懐かしさとは縁遠い風景だった。

谷の奥で幾重にもなった山々のさらに奥に、真っ白い稜線が走っている。それがどれだけ大きいのか、ここからどれだけ離れているのか、さっぱりわからない。日本の田園風景とはスケールが全く異なっていた。朝はまだ空気が澄《す》んでるからよく見える、と言いながら阿部ちゃんはシャッターを切る。太賀くんもまた、別の場所でカメラを構えている。私はカメラを持ってきていないから、ただぼーっと立って、山を眺める。確かにすごい景色だ。朝日を受けた遠くの山肌が金色に光っている。世界の大きさと自分の小ささのバランスが崩れて、ジェットコースターから降りた時みたいに足元の感覚が不確かだ。ネパールまで来なければ、棚田とヒマラヤの山脈を一度に見られることもないだろう。いつの間にか私たちの車の後ろにもう一台、立派な四輪駆動車が止まっている。大きなカメラを担いだ西洋人たちが降りてきて、私たちに笑顔を向けてから三脚を立て始めた。彼らが着ているダウンジャケットを見て、突然寒さを感じる。そういえば車を降りてからずっと寒かった。だいぶ標高を上げたのだろう。寒さを感じた途端、今度は猛烈な尿意に襲われた。私は写真に夢中な男たちの目を盗み、こっそり崖下へ放尿する。それに気づいた太賀くんもまた、カメラを首から下げるとズボンを下ろし、放尿を始めた。この上ない解放感と共に、背中にじんわりと温もりを感じる。

「貧乏人のダウンだね」

阿部ちゃんの声が聞こえる。ここ数年、「貧乏人」なんて言葉を聞いていなかったからドキッとする。無邪気な阿部ちゃんは時折とんでもないことを口走るから気が抜けない。

「何が？」

私が窘《たしな》めるように言うと、阿部ちゃんは眩しそうに目を細めて私の後方を見上げている。

「めっちゃ暖かくない？　陽が出てる」

振り返ると、確かに山の上から太陽が顔を覗かせて、日光がここまで届いている。背中を温めてくれたのはこれだった。

「シェルパはよく言うんだよ。太陽を貧乏人のダウンだって。お金がなくても温めてくれるから」

なるほど、そういうことか。シェルパ族というのはエベレスト南麓の少数民族のことで、ヒマラヤでは外国人登山者の荷物を運ぶポーターとして働くことが多い。きっと彼らがクライアントにそんなことを言い始めたのだろう。ユーモラスな表現だし、語感も良い。シェルパに言われたら使いたくなる。けれど、その言葉が生まれた瞬間を想像すると、私はそこに込められた皮肉を無視できなくなる。シェルパの年収の何倍にもなる旅費を払って世界中からやってくる登山客に、「ほら、陽が出ると暖かいでしょう。私たちはこれを貧乏人のダウンと呼ぶんです」と話す時の、彼らの笑顔。いや、でももしかしたら元々は、シェルパたちが仲間内で自分たちの置かれた状況を面白おかしく言い表しただけかもしれない。だとしても、それを金持ち外国人が使うのは憚《はばか》られるし、そもそも陽が落ちた後にこそ必要なのがダウンジャケットなのであって、陽が出ているうちには要らないのであって、つまり陽が落ちれば貧しい人は凍えざるを得ないということを言っているのであって……と、ひねくれた私は考えだすと止まらなくなってしまう。ヒマラヤの壮大な風景に魅入っているようで、頭の中では全く違うことを考えている。写真を撮り終えた二人は既に車に乗り込んでいた。私は自分のややこしい性格にうんざりしながら、遅れて車に乗り込んだ。

それにしても、阿部ちゃんはどうしてこんなに興奮できるのだろう。この辺りには何度も来ているはずなのに、私たち二人より明らかに昂っているように見える。

「初めてネパールに来たのは、二〇一三年だったかな、実際」

なぜネパールなのかという私の問いに答えて、助手席の阿部ちゃんはまっすぐ前を向いたまま話を始めた。

学生時代、ひょんなことから写真を撮り始めた阿部ちゃんはヨーロッパをうろついていた。やることもなくなり、日本へ帰ろうと乗った飛行機である男性と隣り合った。彼は泣く子も黙るファッションブランドのデザイナーで、話をするうち「うちのブランドのコレクションを撮ってみちゃいなよ」という運びになった。阿部ちゃんはフランスへ渡り、パリコレクションを撮影するように。しかし問題があった。

「パリはなんでも高すぎるから、パリコレがない時期は安いとこで過ごそうと思って。それでインドに行った」

阿部ちゃんはインドを放浪した。しかししばらくすると、インドに疲れた。多くのバックパッカーが経験することだ。旅人の聖地、バラナシに泊まっていた阿部ちゃんは別の土地を求めた。そしてネパールを見つけた。ヒマラヤの麓の町、ポカラまでバスが出ていた。

「インドでは常に人を疑ってたんだけど、ネパールに来たら誰のことも疑う必要がなかった。それで好きになったんだ」

　確かに、インドはネパールに比べてアグレッシブな部分がある。インド人がとか、ネパール人がとかというよりも、街がそうさせるような気がする。外国人観光客に対する客引きのしつこさなんて雲泥の差がある。フランスとネパールを行き来するようになった阿部ちゃんは、ネパール南西部にある小さな村に辿り着く。そこには少女の強制労働の風習が残っていた。女性の生理が不浄なものとして扱われ、生理の間中、女性は「生理小屋」と呼ばれる暖房もない小屋に隔離されていたという。あまりの寒さに、小屋の中で暖を取ろうとした女性が一酸化炭素中毒で命を落とすこともあった。

「パリで何億円もするようなジュエリーを撮った後に、ネパールでそんな状況の人たちを撮ってたんだけど、ギャップがすごかった」

「なんでネパールの人たちを撮りたいと思ったの？　華やかな世界の方を撮ってたいって思わなかったの？」

　私がそう聞くと、阿部ちゃんは少し考えてから「こっちの方が本当っぽいんだよね」と言った。

「なんか本当っぽくてドキドキするんだ。ファッションには夢がある。だから大好きなんだけど、撮らなきゃいけないものも撮っちゃいけないものもたくさんある。だけどこっちに来ると、そのまま撮っていいよって言ってもらえる気がするんだ」

そう言うと阿部ちゃんは体をビクンと震わせてカメラを構えた。

「ほら見て！　子ども達が歩いて来て、その奥にヒマラヤ。撮りたくなるじゃん。一生ワクワクしちゃうよ！」

道の先から、色とりどりの衣装を着た兄弟姉妹が歩いてくる。その背景には書き割りのように白い山脈が抜けている。なんという色彩だろう。阿部ちゃんはギーッとフィルムを巻き上げ、カシャンとシャッターを切る。再び巻き上げ、カシャン。

「こういう光景を人に見て欲しいんだよね。だから写真を撮るし、こうやって誰かを連れてくる」

阿部ちゃんの昂りの理由がようやくわかった気がした。

そして車はいくつもの検問を越え、崖崩れで生じた酷《ひど》い渋滞を何度も抜けて、いよいよ目的地へ近づいて来た。

「あ！　ここ覚えてる！」

阿部ちゃんが叫ぶ。

「ここが水力発電所だから……あと一時間くらいでシャブルベッシ着くはず！」

興奮した阿部ちゃんはハンドルを握るオムレツさんに確認する。

「もう後一時間くらいで着きますよね⁉」

するとオムレッツさんは答える。

「いや、もうそこ。五分で着く」

阿部ちゃんが眉をハの字に寄せてこちらの反応を窺っているうちに、私たちはランタン谷の玄関口、シャブルベッシに到着したのだった。

6

ブリッジ（橋）に行きたいと何度伝えようとしても、どうしてもヴィレッジ（村）だと受け取られてしまい、何度も行き先を微調整していたがために、優しかったはずのオムレッツさんと阿部ちゃんが軽く揉《も》めた後、私たちはようやくランタン谷の登山口付近に降り立った。十三時。オムレッツさんが飛ばしてくれたからだろう、到着は予定より一時間も早かった。シャブルベッシは村と呼ぶには少し憚られる小さな集落で、歩き始めるとすぐに川にぶつかり、その対岸に延々と続く山道が見えた。

「あの橋を越えたところから始まるんだね」と呟くと「工事が進んでて見覚えがない橋なんだけど、多分そうだね」と阿部ちゃんが答える。「いよいよだね」と太賀くんに水を向けると、「チャイ飲みたいなぁ」と首を伸ばして周りを窺っている。軒先に座り込んでいる地元の男性に「カフェはないか」と聞くと、そのすぐ裏手にあると言う。私たちは吸い込まれるように入店し、早速バックパックを置いて腰を下ろした。

　読者諸氏はもうお気づきだろうが、私たちはなかなか歩き出さない。歩くのは好きだ。歩くためにここまで来たのだ。しかし、当たり前のことだけれど、歩き始めたら、歩かなければならない。それが恐ろしくて、なるべく後回しにしてしまう。出発が遅くなればなるほど後が辛いとはわかっているのに。しかしながら、考え方によっては、私たちは休憩するために旅をしているとも言える。私たちは休憩が大好きだ。上質な休憩をするために、過酷な旅を必要としているのだ。だから休憩を否定すれば旅そのものを否定することにもなりかねない。実に危険なことである。

　太賀くんと私はチャイを、阿部ちゃんはタトパニ（ネパール語で白湯を意味する）を注文した。ネパールでは冷水を飲むことがあまりないらしい。真夏でも飲むのはタトパニなのだという。確かに血流を促す白湯は高山病対策になるし、低酸素で動きの鈍った消化器官を刺激するから、この地でよく飲まれる意味もわかる。なお、このネパール旅で阿部ちゃんは推計三百リットルのタトパニを飲むことになる。

「インドとかこっちの方に来ると、二言目にはチャイになっちゃいますねぇ」

なんて漏らしながら太賀くんが愛《め》でるようにチャイを啜《すす》っていたのは、カトマンズからシャブルベッシに向かう道中に寄った食堂だった。

「ニューヨークでも三日のうち二日はチャイ屋さん行ったじゃんか」と返すと「あ、本当だ。場所関係なくチャイが好きなんだ、俺」と尚更《なおさら》美味そうにカップに口をつけた。

仲野太賀。如才ない男。絶対に余計なことは言わず、豪快に見せて思慮深く、人の悪口に与《くみ》せず、それでいて無害なオッチョコを定期的に発動しては黒目がちな瞳を潤ませる。いったいこれまでどれだけの老若男女がこのやり方に絆《ほだ》されてきたことだろう。全くもって完璧な男ではない。しかし、その完璧でなさが、完璧である。彼はいつも何かに少しずつ負けている。その負け方は決して致命的ではなく、それでいてその負けの部分が彼に向けられる僻《ひが》みや嫉《そね》みを予《あらかじ》め防いでいる。非の打ちどころのない戦略。芸能界で着実に地歩を固めてきたのには理由があるのだ。だから私はこの旅で、彼の本当に恥ずかしいところを暴き出してやろうと思う。それが私の使命に違いない。

チャイを飲み終えた太賀くんは、カトマンズで買ったアディダスのサングラスが似合っていないのではないかと心配している。違うのにした方がよかったかな、着けない方がいいかな、でもしないと目に悪いよな、などとひとしきり逡巡《しゅんじゅん》した後、まいっか、と言って出発の準備を整え始めた。

「いよいよですね」

「いよいよだね」

「実際いよいよ」

視線を交わす。三人が三人、ワクワクと不安が半分ずつの、いわばぴったり変態のような表情をして店を出た。一つ目の吊橋を渡る。川の上を吹き抜ける猛烈な風に体が押しつけられる。お前たちはもう自然の領分に入っているぞと告げられているようだ。川を越えるとジオラマのように小さな集落を通過する。斜面に作られた僅《わず》かなスペースに、無理やり並べられた建物の間の細い路地。頭上には色とりどりのタルチョがはためいている。青、白、赤、緑、黄の五色の祈禱《きとう》旗。路地の両側の建物を繫《つな》ぐように横に渡されたものと、幟《のぼり》のように縦に立てられたものと。それぞれの色は天、風、火、水、地を表しており、風にたなびくたび、そこに書かれた経文を読んだことになるという。オートマティックでありがたい代物。翻《ひるがえ》って、風の強い土地にだけタルチョは作られる。だからヒマラヤと言えばタルチョ、タルチョと言えばヒマラヤ。余談だが、チベット仏教圏の寺にはマニ車（マニコロ）と言われる筒が設置されており、これをぐるぐると回すとやはり中に収められている経文を読んだことになる。読んだことになるなんてことが許されてしまうと、経文の内容も、読経《どきょう》の修行的意味も自ら否定してしまっているように思えて心配になるが、宗教についてこちらは決定的に無知であるから適当なことを言うべきでない。なお、適当な水量の川があれば、経文を仕込んだ水車型のマニ車が設置されることもあり、原理的には二十四時間回り続けるこちらのマニ車こそ現段階では最も有難い存在であろう——と思ったのだが、標高によっては川という川が凍りつくのもまたヒマラヤであるから、そう考えると風が一番か。いずれにしても、どんな形であれ経文が動けばそれが読まれたことになるという発想であろうから、経文が仕込まれた自動車のタイヤだとか、経文が仕込まれた海に浮かぶブイだとか、経文の書かれた犬の首輪なんかも生まれてくるだろうと思う。あるいはもうどこかに存在しているのかもしれない。世界で読まれるお経の数は多ければ多いほど良いに決まっている。宗教とはかくも慈悲深い。

私たちは先鋒太賀、中堅上出、大将阿部の順で歩くことを基本とした。というのも、私はこの旅を音声で記録しており、ショルダーハーネスに装着したレコーダーで全員の会話を収録するのには真ん中にいなくてはならず、また、阿部ちゃんにとっては後ろからの撮影が基本になるとのことでこの布陣となった。

「こんなこと言うと、お前どっちなんだよって言われそうなんですが」と太賀くんが申し訳なさそうにこちらを振り向く。私たちが身構えると、彼は思い切ったようにこう言った。

「このサングラス、めっちゃいいです」

それはよかった、と私たちは思った。

集落を抜けると、山道は川沿いの崖っ縁を進んでいく。後ろからは阿部ちゃんの息遣いが聞こえてくる。普段は間断無く喋り続ける阿部ちゃんだったが、歩き始めるとそうもいかない。阿部ちゃんの声が聞こえなくなると、途端に自分たちを取り囲む様々な音が耳に届いてくる。砂利《じゃり》混じりの土を踏みつける三人の足音と、杖が岩を打つ甲高《かんだか》い音を、時折吹き抜ける風が攫《さら》っていく。顔を向ける方向を少し変えるだけで、聞こえる音が明確に変化する。上を向けば風の音。右を向けば川の音。俯けば足音。「気持ちいいね」と先頭の太賀くんがこちらを振り向いた瞬間「ぬぁっ！」という叫び声と共に砂利が崩れる音が響き、太賀くんの体がぐらりと傾く。その様子を見た私と阿部ちゃんからも自然と「ぬぉ！」と声が上がり、太賀くんは『ジョジョの奇妙な冒険』みたいな体勢をとりながらどうにか足を一歩先に進めた。「これは危ないねぇ！」と言ってこちらを振り向く太賀くんの目が、危険を味わった人間特有のキマり方をしている。これは危ないな、と私は言葉のまま予感する。太賀くんはあまりにも恐れなすぎる。三十一歳という若さもあるだろうし、持ち前の体の強さや運の良さもあるだろう。変に肝が据わっている。言い換えれば、雑である。三人の慎重さを数値化すると、阿部＝一〇〇、上出＝七〇、仲野＝五、というところだろうか。これから山をひたすら歩くというのに、靴紐は常にゆるゆるだ。どうやらそれが彼のスタイルらしいが、五十歩に一歩は足首をグネっている。後ろから見ていると、土踏まずがふくらはぎに付くんじゃないかというくらいグネっているから、ほぼ骨折していると思うのだが、それでも涼しい顔をして歩き続けているから恐ろしい。やっぱり彼のファンになると、そんなところも「かわちい！」となるのだろうか。「めっちゃ足首グネってる！　かわちい！　もっとグネって！　あたいにグネって！　グネり上げてグネりしだいて！」といった感じだろうか。本当に信じられないことである。

そんな太賀くんを先頭に、私たちは黙々と歩き続ける。奥まで延々続く灰色の谷底を、太賀くんの緑色のバックパックがポツンと揺れている。空は青。左右に迫る山の斜面は濃淡入り混じった緑色で、きっともう数日歩けば空の青以外全てが白と灰色に覆い尽くされるに違いない。

「なんか、砂がキラキラしてません？」

太賀くんが足元をじっと見つめている。本当だ、確かにガラスの削り滓《かす》のように、控えめで小さな光がキラキラと散っている。周りをよく見ると、露出した岩肌にも同じキラキラが見える。おつまみ小魚を食べ終わった後の袋の底に残った銀色の食べかすを道にばら撒《ま》いたみたいでとても綺麗だ。多分この辺りの地質は雲母《うんも》だとかその辺りの、ガラス質の岩石で構成されているのだろう。山の木々や花々に関してもそうだが、こういう地質についても知識があれば、山歩きはさらに楽しいものになるのだろうなといつも思って、下山する度に図鑑やガイドブックを買ってはみるが読んだ例《ためし》は一度もない。まあ、そういうものだろう。

「一軒家みたいな家がゴロゴロしてますねえ」と太賀くんが感嘆する。本当に、どこからどう転がってきたらこんなデカくて丸い岩が出来上がるのかと不思議に思う（「一軒家みたいな家」は「一軒家みたいな岩」の言い間違いだが、「それじゃただの家じゃん」などと突っ込んだら彼の思う壺なので私は応じない。そのまま受け取ることで、奴の茶目っ気を成立させず、ただの言い間違いとして世に残したい）。川の対岸に猿の群れを見つける。尻尾と手足が長い、日本では見ることのない猿。私たちより先にこちらの存在に気づいていたのだろう、全猿がぴたりと動きを止めてこちらをじっと見つめている。顔と体は真っ黒で、顔の周りだけ真っ白だ。川を挟んでいなかったら少し恐ろしい。見たこともない美しい鳥もいた。体は青く、尻尾は鮮やかなオレンジ色だ。絵本から飛び出してきたみたいにメルヘンな名も知らぬ鳥を追うように、私たちは着々と歩みを進める。「ハニーレモンゲストハウス」という名の茶屋でまたぞろコーヒーをしばき、再び歩く。荷を運ぶロバのキャラバンとすれ違う。首につけられた大きさも形もばらばらな鈴の音が心地良く谷間に響く。

「アラスカのときは動物の世界に入っていくって感じでしたけど、今回は人の生活を感じますねえ」

「そうだね、逆にこっちの方が自然と言えば自然かもね」

と自分で言いながら、自然ってなんだったたっけなと自問する。アラスカの自然は凄まじく、グリズリー（灰色熊）の生息数が物語るように未だ動物たちの世界が維持されている。しかしそれは「自然保護」という人間の方針によってなされているもので、ある意味では人間のコントロールの賜物《たまもの》である。一方、今歩いているこの道には何の方針もない。谷の奥に暮らす人間たちが最も歩きやすいルートを選んで何度も踏んで付けられたのがこの道の始まりだ。その意味では獣道と変わらない。眺望を求めてわざわざ山の頂きを目指すこともなく、ちょうど疲れが来るタイミングで小さな集落が現れ、実直に目的地まで続いている。この道は頗《すこぶ》る自然である。詰まるところ、人間とそうでないものとの間に線を引くか否かで、自然か否かの判断が分かれるということだ。線を引くのであればアラスカの自然こそが自然で、線を引かなければヒマラヤの自然こそ自然。なお、私たち三人の中で圧倒的に自然なのは阿部ちゃんである。阿部ちゃんの貯金はこのとき二十万円を切っていた。お金は稼いだ端から使ってしまう。お金がなくなると仕事道具のカメラを少しずつ売っていく。売り切るまでに仕事を得て、手元に残ったカメラで金を稼ぎ、稼いだ金でまた欲しいカメラを買っていく。我慢という概念を組み込まれずに産み落とされた、神様のいたずら系男子であるから、意図せずあらゆる場面で物語の主役に躍り出てしまう。阿部ちゃん（三十四歳）の貯金は二十万円弱である。こうして年齢を付記しておかないと、彼が成人男性であることをつい忘れてしまう。無邪気さというのは恐ろしく可愛いが時に容赦《ようしゃ》なく、頑是《がんぜ》ない子どもが蟻《あり》を追いかけては踏み潰す光景は馴染《なじ》み深いだろう。阿部ちゃんの無邪気さも同様で、グルメな太賀くんが予約した数年待ちの焼肉屋に招待された阿部ちゃんは、肉を食うなり「マグロみたい」と評して店主の顔を曇らせたのはつとに有名である。

「今までで一番楽しい」

背後から阿部ちゃんの声が聞こえる。

「いや、本当に楽しいなと思って」

振り返った私に念を押すように言う。

「今までは来るたびに、誰かを撮りたいなと思ってたんだよね。自然だけだと大きすぎて、写真じゃよくわからないから。それに一人だとたまに怖くなって、急いじゃう」

「ここに来るのは何回目なんだっけ？」

「四回目かなあ」

阿部ちゃんはこの谷をもう四回も歩いている。私には少し信じがたい。私はできる限り行ったことのない場所へ行って、見たことのないものを見たいと思ってしまう。けれど阿部ちゃんは違う。

「同じところに何回も通うと、変化がわかるでしょ。それが楽しいんだ」

いわば定点観測的な旅だ。彼が写真家であることもその旅の仕方に関係しているのだろうか。同じ場所で撮った写真にも、数年経てば違うものが写る。破壊される自然もあれば、成長する人間の姿もある。そう言えば、インドのある街の電灯が白熱電球からＬＥＤに変わったという話をしていたけれど、そんなことも阿部ちゃんだから気づけるのだろう。もしかしたら、地元の人でさえ気づかない変化を阿部ちゃんは感じ取っているかもしれない。

今回の旅の目的は何だろう、ふと考える。「世界一美しい谷」と言われる場所を歩いてみたい。もちろん正しい。谷の奥に、海抜が世界一高いベーカリーがあると阿部ちゃんが言っていた。そこでパンを食べてみたい。美味しそうだし面白そうだ。谷の奥に温泉が湧いているという話もあるらしい。歩き続けた後に入るヒマラヤ奥地の秘湯だなんて、ワクワクするではないか——しかし、それがこの旅の目的だ、と言うのがなんだか憚られる。世界一だとか、秘湯だとか、実にカタログ的な、テロップが躍るような言葉で説明できることが目的だなんて勿体《もったい》無い。もしかしたら、目的なんていうものは後付けでいいのかもしれない。阿部ちゃんがネパールに行こうと言ったとき、私たちは「目的はなんだ?」なんて考えもしなかった。ただその提案に胸が躍って、気がつけばここまで来ていた。東京に戻る頃にはわかるかもしれない。この旅は確かこういうことが目的だったよね? そう言えばそうだった。無事達成できた、というような具合に。

そんなことを考えながら、私たちは初日の目的地、パイロに到着した。

KATHMANDU BURGER

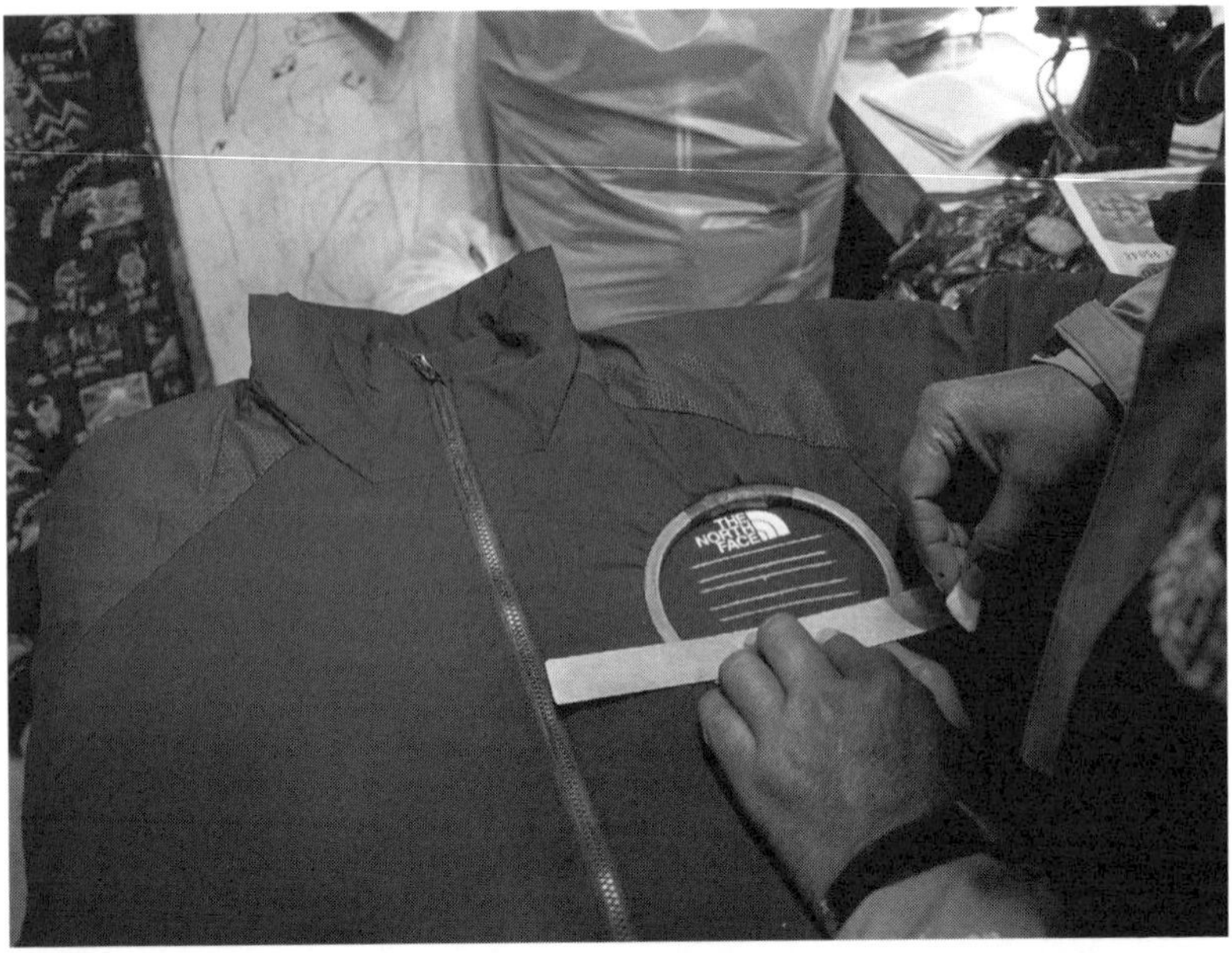
THE NORTH FACE

MIDNIGHT

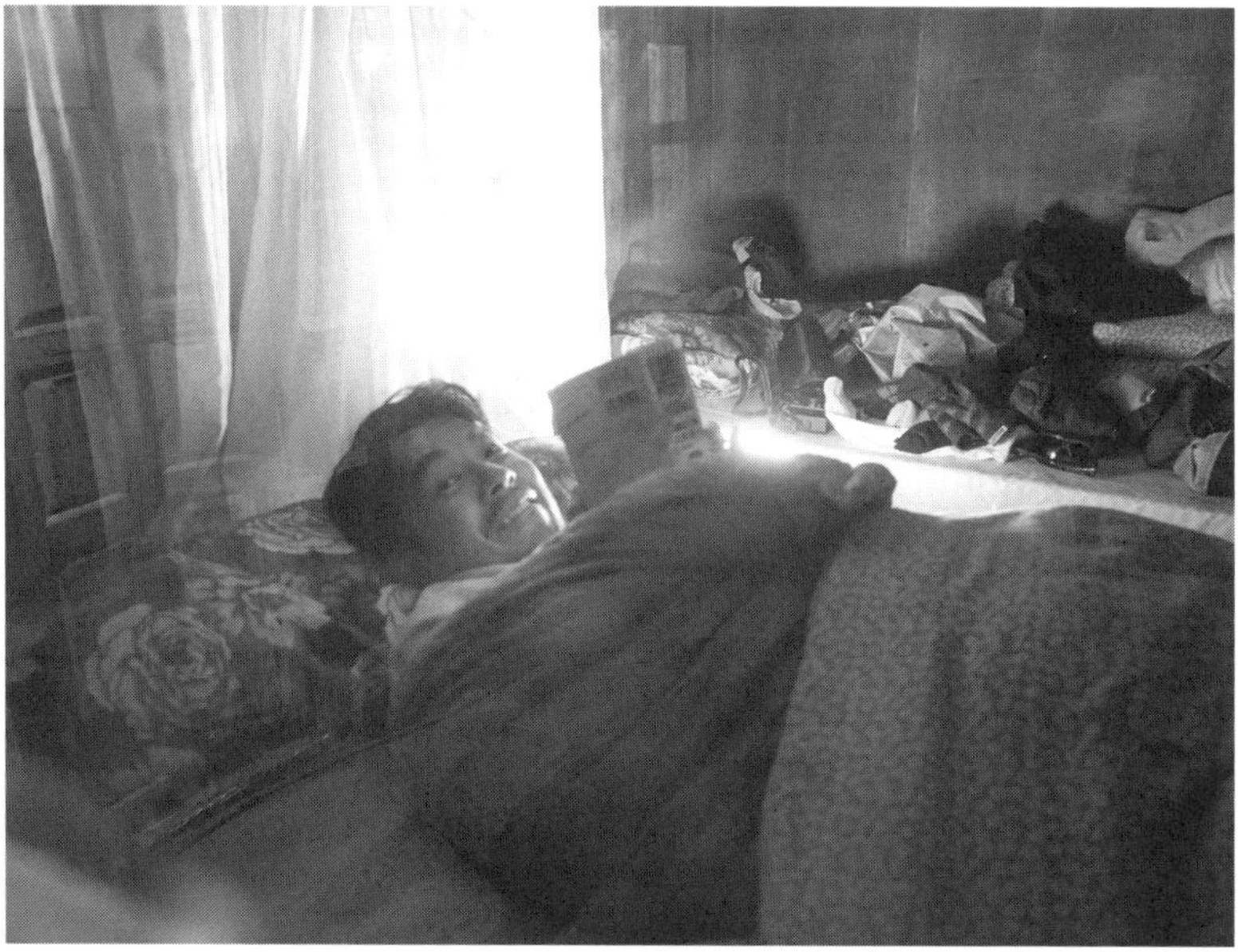

7

標高1722mのその集落はとんでもない場所にあった。谷底で轟音を響かせる川に覆い被さるように、テニスコートほどの台地が崖から迫り出している。そこに民宿が一棟立ち、一段上がるとまた台地があってまた一棟。そんなところに集落を作って平気なのかと心配になる。百年も経てばここを支える土台が水流に削られて崩れ落ちてしまうだろう。そう考えると、ここができた頃、足元はもっとがっしりと逞《たくま》しかったのかもしれない。

軒先に並べられた椅子でくつろいでいた宿のおかみさんが、私たちの存在に気づくとヨッコラセと立ち上がった。丸っこいフォルムにチベットの鮮やかな装いがとてもよく似合っている。荷を下ろすより先に、阿部ちゃんが部屋の空きを確認する。おかみさんは「3ベッド！　オーケー！」と私たちを三人部屋に案内してくれた。街のホテルで言えばシングルを少し大きくしたくらいの「ダブルベッド」と、ベンチを少し大きくした程度の「シングルベッド」がそれぞれ壁に張り付くように設置されている。間に人ひとり歩ける程度のスペースがあって、部屋はそれで終わり。荷物を置く場所にも困るくらい小さいが、二つの窓から見える深い谷の眺望はどんな高級ホテルでも敵わないだろう。「エブリデークリーニング！　ベリークリーン！」おかみさんは扉の外で身振りを交えて伝えてくれる。テントに泊まる登山ばかりしてきた私にとって、こんな贅沢《ぜいたく》な宿はほとんど初めてだ。これがヒマラヤ登山の魅力か――なんて感動していると、阿部ちゃんが「ワンモアルーム（もう一部屋）いってもいいよ？」とこちらを見つめてくる。もう一部屋欲しいと言った覚えはないが、真っ直ぐな目でそんなふうに許可されると、なぜだかこちらがお願いしたような気になってきて、「そうだね」と浮遊気味に答えてしまった。しかし、阿部ちゃんがおかみさんに「他にも部屋はないのか」と問い合わせると、「部屋はあるがまだこのあと他のお客さんが来るかもしれないから、一部屋しか貸せない。ここは三人用の部屋だから十分だろう」と跳ね返されてしまった。となるとシングルベッドの争奪戦である。屋根があって壁があって布団があるだけ十分、とは言え、汗だくの男二人で肩を寄せ合って眠るのが好きな奴はいない。「俺がシングルかな。一番背が低いし」と、まるで譲歩するかのように太賀くんがシングルベッドを取りにかかる。「いや、シンプルに俺が年長者だからシングルを使うよ」と私は社会の常識を山に持ち込む。しかし阿部ちゃんが参戦してこない。怪しいな、と思ったそのとき、阿部ちゃんはやれやれといった表情を浮かべて半笑いでこう言った。

「金払うんだから、もう一部屋借りちゃえばいいんだよ？」

太賀くんと私は絶句して顔を見合わせた。私たちが聞き取れなかったと思ったのか、「ワンモアルームいってもいいよ？　一人ワンルームずつでも全然いいよ実際」と阿部ちゃんが続ける。この人が言っていることは変だよね、と太賀くんと目線で確認し合ってから、「そういうことじゃないんだよ」と阿部ちゃんを窘めた。

「この後お客さんが来て、部屋が空いてなかったらどうするの？」

「満室だから他所《よそ》へ行けって言うの？」

「お金がどうとかって話じゃなくてさ」

「モラルの問題だと思うよ」

私と太賀くんが交互に、噛《か》んで含めるようにそう言うと、阿部ちゃんは途端に泣きそうな顔をして、「だいたい三対一になるんだよな！　こういうとき！」と叫んだ。泣きたいのはこっちだった。こっちサイドに一人増えている。阿部ちゃんにはもう一人見えているのだ。宿のおかみさんを人数に加えたのならまだしも（それも怖い）、そうじゃない。なぜそうじゃないかと言えば、これが初めてではなかったからだ。カトマンズでも同じことがあった。阿部ちゃんは割り勘の計算をするときに、四で割ったのだった。

太賀くんと私が恐怖で身動きできずにいると、阿部ちゃんは諦めたようにバックパックを下ろし、「昨日寝不足だから身体中が痛いんだよ」と自分の肩をいたわるように揉んでいる。痛みの原因は寝不足以外にあるのではなかろうか、と私は不吉に思った。

「ビール飲みましょうよ！」

不穏な空気を打ち消すように太賀くんが言って、私たちは表のテーブルに駆け出した。

「七百ルピー（八百四十円）だって！　高《たけ》え！」ラミネートされたメニューを見て驚く太賀くんに、「三人で一本だね」と阿部ちゃんが諭すように言う。八百円のビールくらい好きに飲ませてくれよと思わないでもないけれど、まあ、節約するに越したことはないし、阿部ちゃんがこの旅の案内役であるから大人しく従う（※ちなみに阿部ちゃんは酒をほとんど飲めない）。おかみさんが水を張った桶《おけ》から取り出した『エヴェレストビール』の缶には、ビールのＣＭみたいに水滴がびっしりついている。太賀くんがプルタブを引き上げる手元に耳を澄ませる。ブシュッとびっくりするほど派手な音が響いたのは、気圧が低いせいだろう。私たちはそれを極めて正確に三等分し、グラスを合わせた。

「お疲れーぃ」

三人同時にぐびりと呷る。喉で感じる、ビールだけがもたらしてくれる潤い。鼻に抜ける、ビールにしか許されていない悦《よろこ》び。「んまい（うまい）」と言わざるを得ないけれど、それは「味が良い」ということとは一線を画す。異なる領域の悦楽である。いやしかし、美味い。ドライだ。飲み物を飲んで、潤いだ、とか宣《のたま》ってなお、ドライだと言うのは支離滅裂であるはずだが、ビールだけはこれを成立させる。皆さんも想像に難くないはずだ。乾燥した山中を数時間歩いた後に飲むビールの愉悦を！

気圧が低いせいもあるだろう、コップ一杯のビールで十分心地良くなった。酒を飲まないはずの阿部ちゃんも、今日ばかりは舐めるように飲んでいる。夕方の六時を過ぎて、谷にゆっくり闇が降りてくる。足元のずっと下を流れる川の音が耳を撫でるように響いてきて、胸の中に微かな寂しさと、確かな幸福感が訪れる。山の中に入るとしばしばこの気持ちになるのだけれど、ぴたりと表現できる言葉をまだ見つけられていない。日が落ちるとダウンを着ていても寒くなって、私たちは食堂へ逃げ込んだ。

八畳程度の小屋の中心で、薪ストーブがちりちりと光っている。部屋の崖側が一面窓になっていて、そこに据え付けられた長椅子に並んで腰掛ける。背に体重をかけると窓枠ごと外れて、谷底に落ちてしまいそうだ。晩御飯選びに改めてメニューを眺める。「どれ選んでも同じだよ」と阿部ちゃんがわけの分からないネガティブ発言をするが無視して、私はマッシュルームチョウメン（キノコ焼きそば）、太賀くんはダルバート（豆カレープレート、ネパールの国民食）、阿部ちゃんはガーリックトマトスープ（ニンニクトマト汁）を選んだ。注文を済ませると、おかみさんが私たちのテーブルにちょこんと相席して、これが通例と言わんばかりに身の上話を始めた。三年前にシャブルベッシからここに来たこと。雨季には川が増水して登山客が来られなくなるから、自分も山を降りてシャブルベッシで寝て過ごすこと。互いの英語が拙《つたな》いから理解できるのは一部だけれど、それでも楽しい時間だった。

部屋の隅で終始笑顔を浮かべ、チラチラとこちらの様子を眺めている女の子が気になった。「娘さんですか？」と聞くと、働きに来ているのだとおかみさんが答える。

「彼女は貧しくて、働きに来ているんです。私は彼女に月一万五千ルピー（一万八千円）払っていて、お金が貯まると母親がお金を受け取りに来ます」

そこまで聞いたつもりはなかったが、おかみさんはやけに詳しく教えてくれた。「彼女はお金がないから、暖かいジャケットも持っていません」とさらに話すが、私たちは「I see.（なるほど）」くらいしか答えられない。女の子はきっと英語がわからないのだろう、部屋の隅で相変わらずニコニコとこちらを見ている。私は少し居心地が悪くなって、「キッチン覗いてこようかな」とレコーダーを手に席を立った。

台所は良い。余計なことがない。腹を空かせている人のために、肉や野菜が切られたり潰《つぶ》されたり熱を加えられたりして、料理に変わっていく。小さなスペースで行われる数十分間のことだけれど、人間の生の営みが凝縮されている。そのうえ音が良い。実家に暮らしていた時には、母の立つ台所から聞こえてくる音に耳を澄まして、晩御飯のメニューを想像するのが好きだった。ネパールの厨房にも音が溢れている。モルタルの竈《かまど》の中で薪がパチパチと爆《は》ぜる音。スパイスをすり鉢でゴリゴリと擦《す》る音。野菜を包丁でトントントンと刻む音。圧力鍋からシューシューと噴き出す蒸気の音。旦那さんがバルブを開くとぼわりと勢いよく湯気が立ち上がり、甘い白米の匂いが厨房中に広がった。その匂いのせいか、突然空腹感に襲われた。きっと太賀くんのダルバート用の米だろう。私もダルバートにすればよかったかな、などと微かな後悔が過《よ》ぎる。いつの間にか私の後ろでカメラを構えていた阿部ちゃんが「本当にこっちのキッチンは綺麗だよね」と呟いた。確かに、少し現実離れした美しさがある。何が美しいかと言えば、あらゆるものが過剰と言っても良いほどに整頓されているのだ。壁に作り付けられた棚に、調理道具や保存容器がずらりと隙間なく並べられている。執念を感じるくらいに、全てがぴったりと行儀良い。棚の大部分を占めているタトパニ用の保温ポットは、注ぎ口や取手の向きが寸分違わず揃えられているし、スパイスが収められたガラス瓶は蓋の色ごとにまとめられている。銀色の皿やカップや鍋はデパートの売り場なんかよりずっと規則正しく並べられていて、建物の構造物の一部かと錯覚するくらいだ。ステンレスやアルミやガラスで作られたそれぞれが満遍《まんべん》なく使い古されていて、裸電球のオレンジ色の光を鈍く反射している。どうやらこの民宿に限ったことではないらしい。このあたりではどこも同じように極端に整理整頓がなされているのだという。どうしてここまでする必要があるのだろう。聞いてみようと思ったところで料理が完成し、私たちはそれを受け取るために食堂に戻った。

さあ、ヒマラヤ初ディナーである。阿部ちゃんはスープがテーブルに置かれるのと同時に椀にスプーンを突っ込み、「体が冷えちゃったからニンニクが効くわ」と眼鏡を曇らせて汁を啜っている。金属製の大皿で供されたのは太賀くんのダルバートで、こんもり盛られた白米の周りに色とりどりの副菜が並べられ、国民食の風格を見事に備えている。「ダルスープ（豆スープ）を米にかけて、上の煎餅《せんべい》みたいなやつを崩して、周りに添えられてるやつを混ぜて食べるんだよ」と何故か汗だくになっている阿部ちゃんが教えてくれる。ダルは豆で、バートは白米の意味らしい。豆スープを白米にかけて食べるから、合わせてダルバート。白米の周りには、いわゆるカレーのスパイスで炒められたジャガイモや青菜、キムチにそっくりなニンジンの漬物（アチャール）が並んでいる。

「では、いただきます」

私がレコーダーの準備を整えるのを待って、太賀くんがスプーンを手に取る。一口目。口いっぱいにダルバートを詰め込み、目と鼻の穴を大きく開いて興奮の様を伝えてくれる。「美味しい」と言うにはまだ早いと判断したのだろう。ごくりと飲み込んだら間髪入れずにもう一口、このスピードが美味さを伝えてくれる。そしてようやく「うまぁ」と漏らす。言いたくはないけど言わなきゃいけないくらい美味い、というような雰囲気である。続けて「ダル、うまー！　アチャール、うま！　ジャガイモ炒めたやつ、うまうま！　煎餅みたいなやつも、うまうまうまうま！」と、一つ一つ親切に何を食べているのかを実況しながらその美味さを教えてくれる。「美味い」以外の言葉が一向に出てこないから味について想像することはできないが、とにかく美味いということだけが伝わってくる。どんな美味しさなのか知りたいとお思いの方がいらっしゃったら、是非お近くのネパール料理屋さんへ足を運んでみてほしい。ちなみにこのダルバート、おかわり自由である。皿の上のアイテムが減ってきたら、おかみさんが鍋やフライパンを手にやってきて、何度でも盛ってくれる。ヒマラヤのポーターたちは、ダルバートを食べているから体力があるのだとも言われる。この後いくつもの宿を経てわかったことだが、地元の人々は基本的にダルバートしか食べていない。他のメニューは概ね外国人観光客向けといったところだろう。味にしてもボリュームにしても、ダルバートがずば抜けている。私が注文したチョウメンは、太めの乾麺を使った醤油ベースの焼きそばで、日本のものに比べると使われている香辛料が多く、辛味がいくらか強い。というようにごくごく簡単で想像に難くない料理で、びっくりするほど美味しいわけでも物珍しいわけでもないが、山奥では安心感を感じさせてくれる一品である。

腹をパンパンに満たした私たちは、静まり返った薄暗い食堂で、この旅をどんな本にまとめるべきか話し合った。癖の強い三人が集まっているから、落とし所を探るのは容易ではない。それぞれの想いの中から共通項を抽出して、最適解を探っていく。「写真をしっかり見せるというのは大切にしたいよね」「とはいえかっこいいだけの本にはしたくないよね」「とにかくたくさんの人に手に取ってもらえる本にしたいね」「表紙を太賀くんの全裸にしたらどうだろう」「旅はもっと自由でいいんだって伝わるといいよね」「読んでる人が一緒に旅してるような感覚になってもらいたいね」そんなようなことを何時間も話し合った末、辿り着いたのは「俺たちの『地球の歩き方』を作ろう」という結論だった。日本における旅ガイドの金字塔。旅でもしてみようかな、と思った人がまず手に取るもの。

さて、どうでしょう？　『地球の歩き方』みたいになってますか？　なんか、予想なんですけど、なってなさそうですね。まあいっか。

8

喉が痛くて目が覚めた。唾を飲み込むと、舌の根元が焼けるように熱い。その刺すような痛みから、原因はあの砂だと直感した。あのキラキラして見えた砂を吸い込んだのだ。それが気管を傷つけ、炎症を起こしている。阿部ちゃんはこのことを知っていたに違いない。だから歩いている間中、口元をネックゲイターで覆っていたのだ。肩幅とちょうど同じ幅のベッドからゆっくり体を起こすと、窓の外に太賀くんの姿が見えた。寝坊しがちな彼が、白い月明りの中で妙にくっきりとしたタバコの煙を燻《くゆ》らせている。

「月がすごいね」とベッドの中で呟くと、「月ずっとすごい実際」と隣の阿部ちゃんも起き上がる。すると何かに気づいたようで「あれ!?」といきなり大声を上げた。

「なんだ！　こんなにベッド広かったんだ！　めちゃくちゃ狭いのかと思って端っこで寝てたのに！」

新しいな、と私は思った。昨夜、結局私たちの後に登山客はやって来ず、部屋を二つ使えることになった。さすればジャンケンと相成って、淫毛役者仲野太賀が一人部屋を勝ち取った。さて、となると私と阿部ちゃんとで二人部屋のダブルベッドをめぐってジャンケンとなるのがごく一般的な流れだと私は思うのであるが、阿部ちゃんは顔に露骨な疲労感を滲ませて「今日は疲れたな実際」などとぼやきながらダブルベッドに潜り込んだのである。まあ、そこまで疲れているのなら仕方ないか、と私は特に文句も言わず、ベンチさながらのシングルベッドに身を横たえたのであった。そしてこの朝である。本当に勘違いしたのかもな、などと呑気《のんき》に取っていたのだが、のちに彼の本性を知るにあたり、これが猿芝居であったと確信するに至る。

陽が上る前の食堂には、心地良い静けさが漂っていた。喉を痛めていたのは私だけだった。阿部ちゃんはしっかり予防策を取っていたし、太賀くんは先頭を歩いていたから砂埃を吸っていなかった。朝食にはチベタンブレッドと呼ばれる円盤状のパンを選んだ。それ自体の味は控えめだが、たっぷりかけたヤクのバターと蜂蜜が実に芳醇《ほうじゅん》で、なるほどパンはこのウワモノを味わうための構造的土台に過ぎないのだなと納得させられた。あっという間に平らげると、やはりおかみさんがひょっこり現れて腰を落ち着ける。

「寒いでしょう」

私たちがそうですねと答えると、おかみさんは肩を窄《すぼ》めて、「ジャケットがない」と言う。

「次来る時はジャケットを持ってきてくれ」

おかみさんは当然の要求かのようにそんなことを言った。三人で一着持ってきてくれればいいから、たいしたことはないだろう、と。部屋の奥に立っている旦那さんはダウンジャケットを二枚重ねて着ているから、「旦那さんのを借りたらいいんじゃないか？」と返すと、旦那は貸してくれないんだと答えた。観光客は旦那にばっかり服をあげるが、私にはくれないんだと。

「青のダウンジャケットがいい」

おかみさんの要求は止まる様子がなく、私たちは逃げるように食堂を出た。

なんとも言えない気分だ。

この気持ちの正体はなんだろう。多分私たちは三人とも、人に何かを贈るのが好きな方だと思う。阿部ちゃんに関しては贈り物がライフワークみたいなところさえある。現に私は彼から物も事もたくさんもらっている。けれど私たちは三人とも、おかみさんにダウンジャケットを贈ろうとは思わなかった。それには多分理由があった。まずは割合の問題だ。おかみさんは私たちに最初から「金がない」という話をしていた。それどころかそれ以外の話はほとんどしていなかった。だから、彼女は私たちを最初からそういう存在だと決めていた。そういうふうに私は感じた。そのことが、私を残念な気持ちにさせた。そんな気がする。最初から、施しをすることが当然の存在として見られていることの心地悪さがある。もちろん、同じ地球上に生きていて、それなのに生まれ落ちた環境によって如何とも し難い経済格差があるのは事実だ。だから、ある意味では施しをすることが当然だとも言える。だから、私の感じた心地悪さに正当性があるとは思わない。けれど、なぜかフェアじゃない気がした。だって、私たちはおかみさんが提供してくれるサービスに対して、おかみさんが設定した金額を支払った。二部屋分と全ての食事の代金。だから、取引はそれで閉じられているはずだ。私たちはおかみさんにそれ以外のことをしてもらっていない。「自分たちは貧しい」ということを教えられただけだ。取引だとかフェアだとか、そんな概念を持ち出している自分にも嫌気が差す。せっかくの楽しい思い出の色が、ほんの少し変わってしまう。悪いことなんてしていないのに、罪悪感の膜が一枚覆い被さってしまう。それが悔しくて、苛立った。だって、「もう一度来たい」って思いづらくなってしまうじゃないか——などと思い悩んだのも束の間、この日は次から次に事件が起こったものだから、落ち込んでいる場合ではなくなった。私は間も無く、毒に侵されるのだった。

この日の道のりは変化に富んでいた。小さな沢に架かる橋を越えると、絵の具をぶちまけたみたいに青い滝壺が現れる。はるか上空へ切り立つ断崖絶壁の、上からも下からもちょうど真ん中のあたりに、サルノコシカケのような何かが見える。よくよく見るとそれは巨大な蜂の巣だった。あの蜂の巣からマッドハニーが採れるに違いないと盛り上がる。マッドハニーというのは、ヒマラヤの高山でのみ採取される、幻覚性物質を含んだハチミツだ。崖の上からロープで下降し、地元の男たちが命懸けで集めてはその場で食べて酩酊しているという。私たちにはどう頑張っても届かないから、遠巻きに眺めながら通過するばかり。

埃っぽかったはずの道はいつの間にか苔《こけ》むして、頭上は緑の木々で覆われている。刺すような日差しは途切れ始めて、代わりに肌が湿度を感じる。しばらく歩くと道が竹藪の中へ続いていく。

「ここからがバンブーだね」と阿部ちゃんが言う。エリアの名前がバンブー（竹）なのだ。とてもシンプルである。「俺はここを幸せの竹藪って呼んでるんだ」と阿部ちゃんが辺りを見渡しながら嬉しそうに話している。そのとき私たちはすでに竹林を通過して、しばらく前から深い白樺の森を歩いていたからびっくりしたけれど、阿部ちゃんが実際に幸せそうだからそれはそれでいいかと自分の心に折り合いをつけた。ふと、阿部ちゃんが山を歩き始めたきっかけを聞いてみた。それは大学に入学した時のことだったと言う。

「青山学院大学に入ったんだけど、キャンパスが青山じゃなくて、相模原だったんだよね。それでしょうがなく借りたマンションの窓からでっかい山が見えて、近くで見たくなって自転車で行ってみたんだ。それが楽しくて、よく山に行くようになった。今思えば、あれは丹沢のエリアだったね」

阿部ちゃんは衝動の男だ。とにかく何かに突き動かされて、そうなると彼は自分でも止められない。貯金が二十万円しかないのもそのせいだ。

「どうして阿部ちゃんはなんでもすぐ買っちゃうの？」

阿部ちゃんはかつて、私が使っていた動画用のカメラを見て、即座に同じものを購入した。しかしその直後、彼がＳＮＳでそのカメラの購入者を募っているのを見て腰を抜かしたのだった。単純に損をしているようにしか見えなかった。阿部ちゃんは少し考えてからこう言った。

「使ってみたくなっちゃうんだよね」

実にシンプルな回答で嘘が全くないけれど、聞いた意味もなかった。

「大人になったらできることも限られてくるから、それまでに色々経験しておきたいんだ」

三十四歳にして「大人になったら」とは如何なることかと思ったが、言わんとしていることはわからなくもない。

道はいよいよ高山らしくなってきた。沿って流れる川は今では滝の連続と化して轟音を響かせる。登る角度もだいぶ急になってきた。汗をダラダラ滴《したた》らせて、阿部ちゃんが喘《あえ》いでいる。

「こんなこと、大人になったらできないよ」

やっぱりこの男、自分はまだ子どもだと思っている。信じがたいことだ。何度も言っているが彼はもう三十四だ。選挙権ですら十八歳に引き下げられているというのに。

事件が起こったのは、私がそのように心を乱されている時だった。

道の先で太賀くんが立ち止まっている。

「このトゲトゲの葉っぱ、なんですかね？」

路傍の葉叢《はむら》をじっと見つめて、驚いたミーアキャットのような顔をこちらに向ける。私は相変わらずその潤んだ瞳に誘われるように、ほとんど自由意志を剝奪された状態でその緑の草に近づいた。紫陽花《アジサイ》に似た、卵形でギザギザの葉。その表面は長くふわふわした産毛《うぶげ》で覆われている。私はそのふわふわを確かめるため、指先で撫《な》でるようにその葉に触れ

ヌギッン！　ケッ!?

何が起こったのかさっぱりわからなかった。地球が溜め込んだ電気が、葉先から指先に流れたような衝撃。

「うわぁーーーーー！！！ーー！！！！」

と私は叫んだ。伸ばし棒とびっくりマークの区別がつかなくなるほど叫んだ。逆に脳から変な快楽物質が溢れ出して涎《よだれ》を垂らしそうになるくらいの痛み。

敵だ――私は直感した。

「気をつけて！」

私は太賀くんと阿部ちゃんに注意を促し、地面に伏せる。二人も私に倣《なら》い、なるべく音を立てないようにゆっくりと姿勢を低くした。息を殺して耳を澄ませる。五感を全開にして、周囲の情報を漏らさず感じ取る。背後から聞こえる阿部ちゃんの息遣いが激しくなっていく。強いストレスで心拍数が上がっているのだ。ゆっくり振り返ると、なぜか阿部ちゃんはバックパックを背負ったまま仰向けに寝転び、ひっくり返った草履虫《ぞうりむし》のようにバ

タバタしながら「ジッサイが実際に十歳」と唱えている。クソ、阿部ちゃんもやられたか。まずい、無傷なのは太賀くんだけだ。しかし一体誰がこんなことを。私は注意深いことで知られている。だからこそ、危険な取材を何度も何度も乗り越えて来られた。リスクを察知し、正確に評価し、そのうえで万全の策を練り、踏み出す。そうやってきたのだ。そんな私がこのような不意打ちを受けるなんて、にわかには信じがたい――ＤＳだ、と私はようやく理解した。こんな芸当ができるのは、この世界を裏で牛耳っていると言われる影の政府、ディープステート（ＤＳ）以外にありえない。そうなってくると、状況はかなり悪い。こんなヒマラヤの奥地では通信手段もなければ頼れる先もなく、使える道具もほとんどない。見事だ。なるほど、ここは巨大な袋小路ってわけか。あいつらうまいことやりやがった。しかし、相手がわかって気持ちが少し落ち着いた。こうなれば対処のしようもある。阿部ちゃん、もう少しの辛抱だ。私がこの窮地からお前らを救い出してみせる――などということにはならない。原因は偏《ひとえ》に私の勉強不足と不注意。何も考えずに毒のある葉に触っただけである。それにしても痛い。皮膚がチクチクするとか、そんなレベルではない。骨にズキズキと響く痛みが、どんどん増している。気になったものにペタペタ触ってしまうのは子どもである。私ももっと大人にならなければならない。それにしても、これほど強力な毒を持つ葉が道の左右と、頭上にまで茂っている。顔に触れたら大惨事だ。とはいえ、取り返しのつかないような毒なのであれば、流石《さすが》にもう少し注意喚起がなされているはずである、という正常性バイアスに身を委ね、私は無理やり自分を安心させて先へと歩みを進めた。

さらに凄惨《せいさん》な事件が起こったのは、それから間も無くのことだった。

標高は2000mを越え、急斜面を上がる登山道はついにジグザグの葛折《つづらおり》になった。会話はなくなり、それぞれが自分のペースで歩き始めると、阿部ちゃんとの距離がだんだんと離れてしまう。阿部ちゃんは疲れやすい。三人のうちで日頃運動をしているのは阿部ちゃんだけだ。毎週テニスクラブに通っている。そのうえ阿部ちゃんは元々器械体操の選手でもある。それにもかかわらず山では人一倍汗を流し、息も絶え絶えになってしまうのは多分筋肉の性質に由来するのだろう。阿部ちゃんは瞬発力系の生物《クリーチャー》である。そのうえ筋量が多くて体が重いから、荷物を背負ってゆっくり山を歩き上がるのには向いていない。

「そろそろ休憩する？　休憩してもいいよ？　実際」

と阿部ちゃんから声がかかると、私たちはなるべく平らなところを探して休憩する。

「体力どう？」と聞くと、阿部ちゃんは「正直疲れた！」と答える。その時、阿部ちゃんは私と太賀くんの表情を注意深く見ている。そして私たちの顔に疲れが見て取れないことを察するや否や「まぁ、体力的には全く疲れてないけどね」と支離滅裂なことを言う。

阿部ちゃんは意味不明で小さな嘘をつく。それに関してはまたどこかの機会で話をするとしよう。

そんなようにして何度目かの休憩をしようとしたとき、坂の先の方に登山客の姿が見えた。向こうもこちらの姿を認めたのだろう、「カム　ファスト！（早く来い！）」と女性の声が投げ落とされた、次の瞬間である。

ゴッという、何かが地面を激しく突く音が聞こえたかと思うと、視界の端を黒い塊が尋常ならざるスピードで通過した。阿部だ。阿部が覚醒したのだ。『新世紀エヴァンゲリオン』でこのシーンを見たことがある。阿部ちゃんは一足飛びにおよそ50ｍの距離を駆け上がり、先の一団と談笑を始めている。こう言ってはなんだが、阿部ちゃんは人間《じょせい》が好きなんだと思う。いや、もちろん太賀くんも私も人間《じょせい》のことが好きだ。だけれど、その気持ちを丸出しにすることはない。なぜなら、丸出しにしてはいけないと社会生活の中で学んできたからだ。しかし阿部ちゃんはブレーキを持ち合わせていない。阿部ちゃんは欲望のままに生きる。人間《じょせい》の声に呼ばれて駆けていく彼を止めることは、何人《なんぴと》たりともできやしない。

私たちを待ち構えていたのは、ビバリーヒルズを舞台とした連続学園ドラマのメインビジュアルみたいに段々に腰掛けたネパール人の男女五人組だった。快活なリーダー格の女性と、おしゃべりな女性と、斜に構えてたまにツッコミをする女性と、何にも興味がなさそうな女性と、スピーカーから音楽を流している男性。そこに阿部ちゃんが加わり、ネパール語を交えた英語で話に花を咲かせている。しかし、太賀くんと私がそこに追いつくと事態が急変した。

「ソーハンサム！　オーマイガー！」

とリーダー格の女性が立ち上がり、太賀くんに身を寄せたのだ。

あ、嫌だな、と私は思った。

私は誰かがモテている状態が嫌いだ。なぜなら悔しいからだ。

女性は魚籠《びく》から虹鱒《にじます》でも摑み出すようにポケットから携帯電話を取り出し、カメラを自分に向けて太賀くんとツーショットを撮ろうとしている。なぜかそこに写り込もうとしている阿部ちゃんの姿が、私には逆に眩しく映った。意味不明であるが、こうした不快な状況にはそのくらい意味不明な存在が必要だ。女性は相変わらず「ユーアーマイラブ！」だとかアホみたいなことを抜かしている。問題はここからだった。阿部ちゃんが話している時は興味もなさそうにそっぽをむいていた女性が、ここぞ太賀くんを盗み見ては頬を赤らめているのだ。それに気づいたリーダー格は案の定「この子、あんたのこと大好きみたい！」と囃《はや》し立てる。阿部ちゃんもなぜかそこに参加して「この子太賀のこと超好きらしいよ！」と叫んだかと思うと、太賀くんの耳元でこそこそネパール語を吹き込んでいる。

そして太賀くんが教えられるがまま「デレラムレ（君かわいいね）」と言うと、リーダー格と阿部ちゃんは「ふーーー！」と意味不明な叫び声を上げ、控えめな女性は一層顔を赤らめリーダー格の陰に隠れようとする――勘の働く読者諸氏はもうお気づきだろう。そう、ほぼ間違いなくこれはＤＳ（ディープステート）による働き掛けである。そうでなければ説明がつかない。確かに仲野太賀はトップ俳優である。ＮＨＫ大河ドラマの主演ともなれば、国民的存在と言っても嘘じゃない。しかしそれはあくまで日本国内での話だ。ここネパールで太賀くんのことを知っている人間など一人もいない。絶対的ゼロである。そして重要なのは、太賀くんは顔でやってきていないということだ。何度も言うように、もちろん彼はいい顔をしている。しかし、いわゆるアイドルだとか、絶世の美男子というわけではない。むしろフンコロガシとかそういう生物に近い。にもかかわらず、こんな山中でネパール人女性四人のうちの二人共が、太賀くんを一目見て夢中になっているのだ。阿部ちゃんも私も、横に並んだら大差ないのに。

つまり、理屈が通らない。

こういうときは、裏に何かがあると考えるべきだ。やはり、太賀くんはなんらかの重要人物としてＤＳから的《まと》にかけられているのだろうか。そこには太賀くんのここ数年の異常とも言える活躍が絡んでいるかもしれない。思えば、いささか売れすぎている。分不相応だ。となると、彼の所属する芸能事務所スターダストプロモーションがなんらかの組織と繋がっており、秘密工作や裏の取引によって彼をスターに押し上げたと考えた方が良さそうだ。そしてスターダストを操る組織の企図するものが、ＤＳにとっては都合が悪いということかもしれない。そういえば、スターダストという名前自体も怪しい。スターを輩出しようとする芸能事務所の名前が星屑《ほしくず》を意味するというのは妙だ。輝いて、塵《ちり》となる。つまり、なんらかののっぴきならない状況を迎えた時に、華々しく散っていく兵隊たちを養成する事務所——そうなってくると辻褄《つじつま》があう。芸能事務所スターダストプロモーションはあくまで表向きの顔。その本当の姿は、影の政府ディープステートとの戦いに身を投じる特殊部隊の養成機関なのだ。だから今、その養成機関の最高傑作とも言える仲野太賀が標的になった。納得のいく説明である。

危険が差し迫っている。こんな山深い場所で拉致《らち》でもされたら、間違いなく助けは来ない。そして私の指先は毒に侵され今なおチクチクしているから、襲われても対処することは不可能だ。

「ふん、やってくれるぜ、DSさんよ」

私は親指の腹で鼻先を軽く跳ね上げるようにして、そう呟いた。

「こんなところまでオタクらの力が及んでいるなんて、お見それしたぜ」

私は電磁波防止のためにアルミ箔を張り巡らせた帽子を深く被り直して、また呟いた。

主人公には呟く義務が課せられている。

自分たちがいままさに大いなる陰謀の渦中にいるだなんて、彼らは夢にも思わないだろう。阿部ちゃんはなぜかネパールの女性と太賀くんを性的にくっつけようと腐心している。私はDSの陰謀に気づいていることを刺客たちに悟られないように、うまく二人を危険な状況から引き離した。

先頭を歩く太賀くんが、困ったなあ困ったなあと首を傾げている。

「なんで好かれちゃうんだろうなあ。なんでなんだろう。原因を知りたいなあ。困っちゃうもんなあ」

正面に回り込んで見るまでもなく、にやけて顔が溶けているのが声色で伝わってくる。気楽なものだ。原因は明白なのに。しかし、ＤＳに狙われているという事実を彼に話すのは尚早だ。並の人間の精神ではこの状況に耐えられない。ここでパニックでも起こされたらいよいよ――いや、それ以上考えることはやめよう。とにかく今は弛緩させておく。無事に山を降り、東京へ戻ることが最重要だ。安全が確保された状況で全てを話そう。

陽が傾き始め、終わらない上り坂に私たちの体力も目減りしていく。平らな場所を探すのも諦めて、湾曲した細い坂道の真ん中に座り込むようにして、もう何度目かわからない休憩を取る。すると再び、坂の上方からネパール語の声。私たちは道の端に体を寄せて、なんとか一人通れる分の幅を空ける。ネパール人観光客の男性と、ポーターの二人組だ。ナマステーと声をかけると、二人も笑顔でナマステーと返してくれる。一見なんの変哲もないネパール人にも見えるが、監視員の可能性もある。用心をしてしすぎることはない。二人組の姿が見えなくなるのを待って、私たちは再び歩き始めようとした。ヨッコラセと立ち上がった、その時である。

私は左の手のひらに激烈な痛みを感じた。

「うわぁーーーーー！！！ー！！！」

　と私は叫んだ。覚えのある痛みである。咄嗟《とっさ》に手のひらを見ると、驚くべきことに、夥《おびただ》しい本数の細い透明の針が、きれいに整列して刺さっている。まさか、と思い体を寄せていた道の端を振り返ると、そこにはあの毒の葉が生い茂っているではないか。

「クッソぅ！」

　と私は叫んだ。さっきはほんの数本刺さっただけであの痛み。そして今回は無数。手首から先が激しく痺れている——もう言い逃れはさせない。DSで確定だ。注意深いことで知られる私が、これほど短時間のうちに、同じ轍《てつ》を踏むなんて本来考えられない。一度目でさえ稀だったものを、二度も仕掛けてくるとは。見境がなくなっている。向こうもリスクを取るつもりらしい。

「面白くなってきたぜ……」

　私は額に脂汗を滲ませながら、激しく武者震いする。ここから先、語尾はさすがに「ぜ」になるだろう。全身が粟立《あわだ》ち、本能が臨戦態勢を整える。

「腹つった！」

　と阿部ちゃんが苦しそうに笑い転げている。

「だってさっきは一本か二本だったのに、これ見て！　めちゃくちゃ刺さってる！」

　こいつ●してやろうかな、と思った。しかしこんな抜き差しならない時に仲間割れなどしている場合ではない。夜の帷《とばり》が降りる前に、次の集落に辿り着かなければ。

「さあ、急ごうぜ」

私が男らしく言うと、「おいーっす」と太賀くんが気の抜けた返事をする。彼の手に、さっきまではしていなかった手袋が装着されているのを私は見た。なるほど、こちとら嚙ませ犬ってわけか。私はそう叫んで、灰色に輝くヒマラヤの峰々に主人公然とした視線を投げかけた。なお、その数時間後、私は毒の葉を腹一杯食うことになる。

9

陰謀論のくだりには正直飽きた。自分で書いていてそのくだらなさに辟易《へきえき》している。誰かに怒られそうでもある。できることなら今すぐにやめたい。しかしやめられない。なぜならその夕刻、いよいよ奴らの親玉とも言える男が私たちの前に現れたからだ。

日暮れ前、私たちはどうにかその日の目的地、リムチェに到着した。標高2440mの崖の上に小さな建物がポツンと一つ立っているだけのその集落は、もはや集落と呼ぶことが相応しいかすら疑わしかった。そのくせ外看板には大きくHOT SHOWERなどと書かれており、はいはいまたか、と私たちはあらかじめ落胆するのだった。というのも、昨晩宿泊した集落を始め、通過してきたあらゆる民宿でHOT SHOWERやHOT SPRINGの表示に心躍らされ、毎度「これは本当か？」と聞いては「ありません」との返答を受けていた。なにせ阿部ちゃんからはもしかしたら谷の奥に温泉があるかも、と聞き及んでいたからその落胆の度合いはいちいち大きく、もう騙されないぞ、と覚悟を決めていたのである。にもかかわらず、執着俳優仲野太賀は看板を目にすると脊髄《せきずい》反射のようにそれを指差し「ホットシャワー？」と簡素すぎる疑問文を口にする。私たちの気配に気づいて表へ出てきたおかみさんが「ホットシャワー！」と返すと、太賀くんは再び「ホットシャワー？」と叫ぶ。おかみさんがさらに「ホットシャワー！」と言ったところで、このやりとりを続けたら二人ともそのまま死んでしまうと察した阿部ちゃんが、ネパール語で助け舟を出す。

「タトパニ？（お湯？）」

するとおかみさんはネパール語を聞いて安心したように「タトパニ！（お湯！）」と答え、阿部ちゃんは半ば呆《あき》れたように「タトパニ？（お湯？）」と改めて問い直し、おかみさんは勘弁してくれといった顔で「タトパニ！（お湯！）」と返すのだった。

埒《らち》が明かないのではっきり言うと、リムチェにはホットシャワーがあった。民宿の建物の一段低くなった場所に小屋があり、それがシャワールームらしい。屋根の上には、太陽光パネルと水のタンクがくっついたような装置がついている。日本でも古い一軒家の屋根に乗っているのをたまに見る、太陽熱温水器と同様の装置だろう。太陽光で電気を起こすのではなく、その熱で直接水を温め、できた湯をタンクに溜めていく仕組みだ。シャワーがあるとわかるや否や、太賀くんはバックパックをその場に捨て置き、徐に服を脱いで小屋に飛び込んだ。数分後、サイッコーサイッコーという声とともに剝き卵顔を覗かせると、今度は阿部ちゃんがバックパックを放り投げ、服を破り捨ててシャワー小屋へ駆け込む。数分後、茹でゴリラが小屋から這《は》い出してくると、私はバックパックを叩きつけ、服も脱がずに小屋へ滑り込む。ムワッとした生暖かい湿気が懐かしい。中に電灯はなく、携帯電話のライトを点けると白い湯気の先にシャワー室の姿が浮かび上がった。

ちょっと汚かった。

いや、その表現は正確ではない。汚さの定義は難しい。例えば湯垢《ゆあか》が付着しているとか、カビが生えているとか、そういうことであれば汚いと言って差し支えないだろう。このシャワー小屋は必ずしもそうではない。というか、何がどうなっているのか、よくわからない。弱い光量の中、湯気に視界は制限されている。しかし、サンダルを脱ぐことはできなかった。足元にはタイルだとかコンクリートだとかが敷かれているわけではなく、冷えたマグマのようなゴツゴツとした岩肌があり、その窪《くぼ》みに水が溜まっている。一方向に排水がされているわけではなく、四方に広がった水が壁の下からどこかへ流れ出ていくというような設計だ。私は潔癖症である。銭湯には可能な限り営業開始直後に行きたい。閉館前に滑り込むと、おじさん百人の汗や垢を体にまとわり付かせるような気がして嫌だ（※自分がすでに立派なおじさんであるからといって、おじさんの汗を嫌がる権利を奪われるわけではない）。プールも苦手だ。脱衣所やシャワーの濡れた床に鳥肌が立つから、足の裏をなるべくつけないように特殊な歩き方をする。そんな自分にとって、このシャワー室の床は恐ろしかった。阿部ちゃんが普通におしっこをしている可能性もある。しかし逃げ出すわけにはいかない。せっかくのサッパリチャンスであるし、ここで芋引いて逃げ出したら自分の潔癖がバレて二人にバカにされること請け合いだ。私は意を決してバルブを捻《ひね》り、湯を浴びた。超気持ち良かった。が、すぐに湯が尽きた。前の二人が大方使い切ったのだろう。湯がなくなると水が出た。想像を絶する寒さだった。二月のヒマラヤの山中で水を浴びるのは自殺行為だ。寒い、と感じるより前に体が激しく震え、携帯電話を床に落とし、灯りが消えて何も見えなくなった。するとノックする音と、女性の英語が聞こえる。最悪だ。私は真っ暗な小屋の中で前後不覚になって一糸纏《まと》わず震えている。その上タオルも下着も小屋の外に置いてあるから、どう頑張っても外国人女性に全裸を見せつけることになってしまう。居留守をすることにした。私の命が続く限り、私は居留守を続けよう。

待つこと三分。早々に限界がやってきた。私は奥歯をガチガチ言わせながらゆっくりと木製の扉を開き、外の様子を窺う。女性はどこかへ去ったようだった。私は震える指先でなんとかタオルを摘み上げ、体に押し付ける。ほとんど水滴を拭き取ることもできないまま、無理やり服を着た。ウールの下着は濡れても暖かい。ダウンまで羽織れば、じんわりと温もりが全身に行き渡る——と、その時だった。

崖下から、地元の男性がゆっくりと上がってくるのが見える。民族衣装を着て、大きな竹籠を背負っている。無駄のない足捌《さば》きで急な石段を上がり切ると、震えのおさまりつつあった私の横を通り過ぎていく。私はその時、彼の背負う籠の中身に気づかずにはいられなかった。薄闇の中でも一目でわかる。柔らかそうな針に覆われた、毒の葉。それが籠いっぱいに詰められている。私は全身から力が流れ出て、すっかり虚脱してしまった。シャワー小屋の前で仰向けに寝転び、瞬き始めた星を眺めた。もう勝ち目はなかった。ここは彼らの領分だ。私たちは罠にかかったのだ。もっと早く気づくべきだった。後悔先に立たず。彼らの目的はわからない。しかし、彼らが私にそれを知らせる道理もない。抗うことはやめよう。誰のためにもならない。大いなる力に身を委ねよう。そう腹を括《くく》ると、むしろ体に力が戻ってくる気がした。いや、それは正確ではない。強烈な諦念によって空になった体に、新たな何かが流れ込んできた。その何かには、どこか恍惚《こうこつ》感に似た成分が含まれている。自分の生存を丸ごと誰かに委ねたことによって開かれた回路を通じて流れ込んでいる。羊水のプールに浮かび、臍《へそ》の緒《お》から生命を供給される。その深い安堵《あんど》。粘土。捏《こ》ねられる土。混ぜられる水。叩《たた》かれる頰。パチンパチン。私は眼を覚ます。阿部ちゃんが心配そうに私の顔を覗き込んでいる。だけど安心して欲しい。私はもう大丈夫。あと少しの人生を、この安寧の中で過ごしたいんだ。

毒葉の正体を教えてくれたのは、竹籠を背負っていた民宿の旦那さんだった。私は背の籠を追って民宿の厨房へ入った。すると旦那さんは籠の中の毒葉を竹製のトングでがさっと摑み上げ、竈にかけられた鍋の中に投じていく。私は心底驚いて、「それは一体なんですか？」と声を上げた。すると旦那さんが、ヒマラヤイラクサだと言うではないか。私は現代っ子なのですぐさまChatGPTに「ヒマラヤイラクサについて詳しく教えてください」と問うたところ、次のような返答を得た。

ヒマラヤイラクサ（Himalayan nettle、学名：Girardinia diversifolia）は、ウルティカ科（イラクサ科）に属する多年草で、主にヒマラヤ山脈地域に自生しています。この植物は、特にその繊維が注目されており、伝統的に織物や紙の材料として利用されています。特徴外見：ヒマラヤイラクサは高さが1・5〜3メートルに達し、葉は大きく、鋸歯《きょし》状の縁を持ちます。茎や葉には細かい刺毛《しもう》があり、これが触れると肌に刺激を与えることがあります。生育環境：湿った場所や森林の縁など、標高の高い地域でよく見られます。利用繊維：ヒマラヤイラクサの繊維は非常に強く、耐久性があります。これを使って作られた布は通気性が良く、夏は涼しく冬は暖かい特性を持ちます。ネパールやインドの一部地域では、伝統的な衣類や布、ロープなどに利用されています。医療利用：伝統医学では、ヒマラヤイラクサの葉や根がさまざまな治療に使われることがあります。抗炎症作用や痛みの緩和に効果があるとされています。環境保全：ヒマラヤイラクサは土壌の侵食防止に役立ち、持続可能な農業の一環として注目されています。栽培と収穫：ヒマラヤイラクサは比較的育てやすく、環境に優しい栽培方法が推奨されています。収穫は通常、植物が最も成長している時期に行われ、手作業で行われることが多いです。現代の利用：最近では、エコフレンドリーな素材としての注目が高まり、ファッション業界や繊維産業での利用が増えています。また、その医療効果も再評価されており、研究が進められています。ヒマラヤイラクサは、その多様な利用方法と持続可能性から、伝統と現代の架け橋として重要な植物と言えます。

それでは鍋に投じている理由がわからない。そこで私は旦那さんに、ChatGPT風に説明してくれるように頼んだ。すると彼は突然直立不動になってこう言ったのだった。

「これはヒマラヤイラクサ。当地固有の植物であり、葉の表面を覆う刺毛に触れると皮膚が炎症を起こす。日本のイラクサは漢字で刺草、蕁麻、苛草などと書き、どれもその痛みや病症を表している。一方で葉自体には消炎作用をはじめ様々な効能が認められており、生薬として使用される。さらに、熱を加えると刺毛の毒は消え、食用することも可能である。今私が作っているのはイラクサのスープである。少量の湯に大量のイラクサとスパイス、そこに塩とジャガイモを少し加えて煮立てる」

旦那さんは息継ぎもせずにそう話すと、再びヒマラヤイラクサをトングで摑み、湯気の立ちはじめた鍋に投じていく。なるほど、消炎作用のある薬用スープを作ろうというわけだ。それなら話が早い。

「その毒の葉で作る汁だとかなんとかかっつーやつをだな、まあ一つもらえるかい？」

私は威圧的にそう言って、食堂のテーブルに腰掛けた。

タバコを吹かしていた太賀くんと写真を撮りに出ていた阿部ちゃんが遅れて席に着くと、私は声を潜めて今自分たちが置かれている危険な状況について説明した。一人で抱え切れる問題ではなかったからだ。私の話を聞いた阿部ちゃんはガタガタと肩を震わせて「肩がガタガタ震える！　実際！」と言っている。一方太賀くんは腕を組み、親指と人差し指で顎先《あご》を摑むような探偵仕草をして「うーん」と一言。これはブレイクスルーアイディア間違いなしのパターンだと期待していたが、彼が話したことは全くもって期待はずれだった。

「正直言って、それ陰謀論ですよ」

彼は取るに足らない話だと言わんばかりに吐き捨てた。

「まず、上出さんがイラクサに触ったのは単なる勉強不足と不注意が原因です。そこに誰かの意思や作為は介入のしようがありません」

言っていることが支離滅裂である。しかし彼は続ける。

「次に、ネパール人の女の子に僕がモテたのは、単に僕が魅力的だからであって、それ以上でも以下でもありません。批判できる点があるとすれば、僕にばかり好意を見せて上出さんと阿部ちゃんを蔑ろにしたあの子の配慮不足です。本来、阿部ちゃんと上出さんにこれっぽっちも興味がなかったとて、少し会話をしてみるとか、視線を送ってみるとか、その程度のことはできるはずです。それを怠った彼女には非があります。しかしそれもやはり、彼女の意識を釘付けにしてしまった僕の魅力の問題です。それに関して謝罪はしますが、とはいえその裏に陰謀などというものは存在し得ません」

私はショックを受けていた。これまで何度も東京の夜を共にし、今日まで長い道のりを共に歩いてきた友人だと思っていた男が、ここまで露骨に事実を捻じ曲げるなんて。目の前で起こったことに対して無理筋の理屈を当てこみ、真実を隠そうとするその振る舞いこそ陰謀論者の姿そのもの。仲野太賀の正体がここで明らかになった。陰謀役者である。多分役者としてのルーツはクライシスアクターだろう。どの事件がデビュー作だったかは帰国してから調べる必要がある。しかし、太賀くんがそっちとなると、標的は私か阿部ちゃんか。私がチラリと阿部ちゃんに視線を向けると、まだ肩をガタガタ震わせていて、それは多分なんらかの薬物の影響だと思われた。

冗談はさておき、太賀くんと阿部ちゃんは宿の旦那さんが勧めるシェルパシチューを、私はベジタブルモモを注文した。本当は直ちにイラクサのスープを試してみたかったが、作るのに一時間ほどかかるとのことだったので、それを待つ間に食べようと思いモモを選んだ。モモというのはネパール式餃子《ぎょうざ》のことで、この民宿はメニューに多種のモモを揃えていた。私は最も想像のつかないものを選ぶ習性があるので、スニッカーモモとかいうダントツで謎めいたメニュー（「おなかがすいたらスニッカーズ」のキャッチコピーで一世を風靡《ふうび》したあのチョコレート菓子をそのまま包んで揚げたモモらしい）を選択したのだが、阿部ちゃんが「いや、ベジタブルモモにしよう」となぜか自分が食べる前提で注文を変更したのだった。例えて言えば、三人でサイゼリヤに行き、自分以外の二人がミックスグリルを注文し、自分がカルボナーラスパゲティを頼もうとしたら何故か「いや、ほうれん草のソテーにしよう」と言われて私だけほうれん草のソテーを食べることになった状況である。普通の精神力であれば耐え難いだろうが、私の心は鋼でできているので問題なかった。

遠く足元を流れる川の音と、ストーブの中で弾ける薪の音だけが耳に届いてくる相変わらず心地よい空間で、私たちはその日の晩餐《ばんさん》に興じた。先に供されたのは二人のシェルパシチュー。なんと言っても名前が良い。シェルパのシチューだなんて、美味いに決まっているしエネルギーが得られるに違いない。ステンレスの椀に満たされたそのスープは微かに黄色を帯びて白濁し、ゴロゴロとした具材が沈んでいる。ニンニクの匂いが胃袋を直接震わせる。「ジャガイモと生姜《しょうが》と……」太賀くんが音声番組用に声で描写を始めると、阿部ちゃんがずるずると汁を啜り始める。携帯画面を凝視している阿部ちゃんは、私と太賀くんから向けられる白い目に気づかない。太賀くんは解説を諦め、スプーンでスープを口に運ぶ。

「うまー！」

言葉も表情もいつもと同じだが、この男は本当に美味そうにメシを食う。見ているだけでこちらも満たされる。

「体があったまります」

ホクホク顔で彼は言う。私も一口。なめらかなジャガイモが口の中で崩れて甘く、スープに溶け込んだ脂のコクがドスンと響く。それでいてもったりしないのがこの国の料理のすごいところで、偏に多種多様なスパイスのなせる業である。「なんだこれ？」と太賀くんがスプーンで持ち上げたのは、千切れたうどんのような物体。食べてみると、いわゆる小麦粉を捏ねて茹でたものに他ならず、つまりはすいとんだ。この一杯で必要なエネルギーを摂れるようにするための工夫だろう。食感も楽しいし、ナンとカレーが合うように、これもまた悪くない組み合わせだ。続いてやってきたのはベジタブルモモ。見ただけではシンプルな一口大の焼き餃子である。早速丸ごと頬張ると「おっ」と思わず声が出る。胸の中に懐かしさが通り抜けた。どこかで食べた味だ。しばらく考えて、その正体に思い当たった。長野県の郷土料理、野沢菜のおやきである。硬く分厚めの生地の中に、塩気の強いシャキシャキの野沢菜が詰まっている。長野は祖父の故郷で、私は幼い頃に幾度か連れられて行ったことがある。父の運転する車に揺られて眠りこけ、いつの間にか分け入った雪景色の路傍におやきの無人販売所が出ているのを見つけては車を寄せてもらった。あの時の車内のガソリンの匂いだとか、泊まったバンガローのロフトから見下ろした珍妙な家族のアングルだとか、裸で雪に飛び込んでも寒くなかった露天風呂だとか、今まで思い出しもしなかった記憶の断片がどどっと頭の中を駆け巡って驚いた。まさかヒマラヤの山奥で、じいちゃんの故郷を思い出すとは。

　モモもシチューもあっという間に食べ終えて、心地よい疲労に身を横たえたところでもう一つ銀色の器が運ばれてきた。痛みの引きつつあった右手が、その存在を感じて疼《うず》き始める。イラクサのスープだ。その様、沼そのものである。熱を加えられても全く鮮やかさを失っていないあの深緑。器を揺すっても水面が揺れないほどの濃度。スプーンで掬《すく》い上げ、改めて検分する。仔細《しさい》に見ると、その小さなプールの中では、細かく砕かれた葉と黄味がかった水分・脂とが分離している。葉は限界まで細かく砕かれ、液体に混ぜられてはいるが、しかし溶けてはいない。よほど繊維が強いのだろうか。このスープは他のどのメニューより調理に時間を要した。調理と言っても、鍋で火にかけて混ぜ続けるだけだ。どうしてそんなに長いこと混ぜなければならないのかと訝《いぶか》しく思っていたが、その理由がここにありそうだ。微かな不安を振り払って、スプーンを口へ運ぶ。

「んー。美味い」

　正直な感想だった。美味いか美味くないかで言えば、美味い。しかしその美味さはどこから来ているかと言えば、概ねバターのコクと塩とその他数種のスパイスからと言えた。食材の九割を占めているイラクサに特筆すべき味わいはなく、強《し》いていうならば春菊に近い香り、つまり雨上がりの夏の草むらを踏み締めて歩いた時に立ち上がるあの香りがあった。ちょっといいですか？　と太賀くんがスープの椀にスプーンを差し入れる。

「え、めっちゃ美味い」

目を丸くしたあと、少し間を置いてこう言った。

「なんかチクチクしません？」

そう、チクチクするのだ。唇が、舌が、喉が、少しチクチクする。最初に口に含んだ時、刺毛のイメージが強すぎて、ありもしないものを感覚してしまったかと思い、すぐには口に出さなかった。しかしやはり、スプーンを口に運ぶたびにチクチクは存在感を強めていた。不味くはない。どちらかと言えば美味い。しかしチクチクする。私は「これで体に良くなかったら嘘って感じだよね」と肯定とも否定とも取れることを言いながら残りの液体を一気に掻き込んだ。

10

ところであなたはモモについてどれだけ知っているだろうか。知ったかぶる必要はない。あなたはモモについて何も知らない。私が前章で書いた程度のことさえ覚えていないだろう。そのくらいあなたはモモについて知らないし、モモに興味を持ってもいない。しかし、興味を持て、と言いたい。モモに興味を持て！　と私は言いたい。

読みは果物の桃と異なり平板でなく、人体の腿と同じで最初のモにアクセントが置かれる。まずはWikipediaの説明を見てみよう。

モモは、広くチベット文化圏で食べられる小籠包、蒸し餃子、肉まん（包子《パオズ》）に類する食べ物。

小籠包と餃子と肉まんの仲間。つまり、小麦粉を水で練った生地で、肉や野菜などの具材を包んで焼いたり蒸したり揚げたりする料理のうちの一つである——が、ここヒマラヤ山脈では一味違う。私たちはどうにかヒマラヤのモモを日本に持ち帰れないかと画策したほど、首っ丈になったのだ。

ベジタブルモモについては前述した通りだ。中身を肉類に変えたり、豆類に変えたりすることで様々なバリエーションを作ることができる。製法が簡単で、主菜にも副菜にもなるし、酒のつまみにもなるポテンシャルを持っている。けれど、その程度じゃ私たちの心を捉え切ることはできない。満足はするが、熱烈に愛することはない。私たちがモモ《ラビットホール》に落ちたのは山に入って三日目、息も絶え絶えでタンシャップという名の集落に辿り着いた時だ。その日、私たちは唐突な疲れを感じていた。私の経験則からすれば当然とも言えた。入山の興奮は最初の二日しか持続しない。そこから数日は苦しい日々に耐えなければならない。その後、ハイカーズハイがやってくる。歩けども歩けども疲れない。疲れ方を忘れてしまったような感覚になる。だから、興奮と麻痺の間の谷と言える入山三日目というのは朝から辛い。隣のベッドの阿部ちゃんは枕元にテントポールを組み、レインウェアをかけて犬小屋様のテントを顔まわりに拵《こしら》えている。中からシューシューと独特な寝息が聞こえてくる。私は阿部ちゃんを起こさないように、ゆっくりと部屋を出た。太賀くんがこれまで歩いてきた谷を眺めながらタバコを吸っている。私はタバコをやらないからわからないけれど、ここで吸う煙は美味いに違いない。目を細めて紫煙を燻らせる姿はほとんどCMみたいだ。

「おはよう」

「おはようございます」

「眠れた？」

「眠れましたけど、身体中痛いです」

全身に筋肉痛がきているようだ。昨日まで疲労はほとんどなかったらしく、突然の痛みに驚いている様子。そういえば、一昔前は乳酸が筋肉痛の原因だと説明されていたが、近年それは間違いだとされているらしい。運動によって損傷した筋繊維が炎症を起こしているだけだという。「炎症を起こしているだけ」と言って理解した気にはなれるが、ウイルスが侵入したわけでもないのに炎症反応が起こるというのはイマイチよくわからないというか、理にかなっていない気がする。人体のバグだろうか。

「手は大丈夫ですか?」

そう言われて、ヒマラヤイラクサに触れた手の痛みがすっかりなくなっていることに気がついた。

「完璧に治ってるわ」

「うわあ、良かったー」

太賀くんは自分のことのように安心してから、「あまりにも現実感のある夢を見たんです」と話し始めた。

「朝、上出さんに手の様子聞いたら『全傷です』って言うんですよ。初めて聞く言葉で、ヤバそうだと思ったら、手が真っ青になってて。もうヘリ呼んで山降りなきゃならないってなって。ああ、こうやって旅は終わるのかって思ったんです」

怖い話だ。そういうことが起こる可能性も確かにあるし、「全傷」という言葉がどう考えても怖かった。聞いたことのない言葉なのに漢字が浮かんでいるところが実に夢らしいのだが、「でも、夢とは思えなかったんですよねえ」と相変わらず怖いことを言う。何せこの男、表情の作り方から声の出しかたまでプロであるから、その言葉が今後訪れる不幸の予兆みたいに感じられてゾッとする。すると阿部ちゃんが眩しそうな顔で巣から起き出してきた。

「一睡もできなかった、実際」

いつもと変わらない阿部ちゃんの言葉にむしろ安心する。「さっきシューシュー寝息を立ててたよ」なんてことを言うのは野暮というものだ。心の中の伊賀さんに叱《しか》られる。私たちは誰もが心の中に伊賀さんを一人飼うべきだ。小さな伊賀さんは正しい道を教えてくれる。「私は自分の配偶者が軽んじられることに耐えられないので《俺は自分のツレが舐められるのだけは許せねえから》、不貞はしません《他の女と遊ばねえんだ》」なんてことを酒の席でしばしば言っていて、いやはやなんという正しさだろうかと落涙してばかりいたのだが、ある夜、若い男が道ならぬ恋に悩んで伊賀さんに相談したところ「覚悟を決めるべきです《もう行くとこまで行くしかねえな》。しかし責任は自分で引き受けなければならないですよ《後で思いっきり後悔すればいい》」と前髪をかきあげながら言うもので、私はなんと文学的な感じだろうか！　とまたしても落涙したのであった。

私たちは簡単に朝食を済ませると、重い体を引きずるように歩き始めた。標高はすでに3000mを超えている。休憩のたびにパルスオキシメーターで血中酸素濃度を測る。新型コロナウイルスに感染した時にもしばしば使っていたから使い方は慣れている。80％台にまで下がることもあり、慎重に歩みを進めていく。はるか遠く山の向こうに雲が浮いているかと思ったら、真っ白い山の頂だった。

「いよいよすごいのが見えてきたね」

私たちは感嘆する。あまりにも大きくて、最初はそれが山だなんて思いもしなかった。どこまでも続く灰色の山の襞《ひだ》の奥から、真っ白い巨大な物体がどかんと飛び出している。ランタン・リルン。標高7234m。ランタン国立公園最高峰。その現実感のない大きさは、ヒマラヤに来なければ感じることができない。なぜなら、7000mを超える山は、この地球上でヒマラヤを除き他にないからだ。そのうえヒマラヤには7000mを超える山が二百座あると言われており、そのうちの十四座が8000mをさえ超える。ヒマラヤという世界はそれほど特殊とも言える。それにしても、山を数える助数詞を座とした日本人はなかなかセンスが良い。この威風堂々たる山様に対して個だとか体だとか軒だとかでは間に合わない。どしんと居座るその感じには座こそが相応しい——いやしかし、当時の日本人は4000mを超える山など見たことがないはずである。「山の数え方は座としよう」と決めた日本人がこの7000m峰や、あるいはさらに高い8000m峰を見たらなんと言うだろう。「やはり座で間違いなかった。座はどんな山であろうと受け止められる懐を持ち合わせている」と思うか、それとも「ああ、大陸にここまで大きな山があったとは恐れ入った。富士山の倍ともなると座では賄《まかな》いきれぬ。ここまで来れば、さしずめ立《りつ》が妥当であろう」などと言って、以降４０００ｍ未満の山には座を、４０００ｍ以上の山には立を用いることになるかもしれない。さらに言えば、例えばイルカとクジラとの間に生物学的な線を引くことは困難であり、便宜上小さいものをイルカ、大きいものをクジラと呼んでいるということから考えれば、助数詞に止まらず山という名詞そのものを改める必要があるかもしれない。一番小さいものは丘、それ以上のものは山、４０００ｍを超えるものは偽雲《ぎうん》とするのはどうだろう。初めは空に浮く白い雲と見間違えた私たちの経験からそう名づけたい。あるいは固い雲ということで固雲《こうん》でも良い。語呂が悪ければ上下を入れ替えて雲固《うんこ》でも構わない。

　さて、そんな景色は心を躍らせはするけれど、疲れを癒してくれはしない。出発してから三時間ほどで現れた集落に立ち寄った時には、私たちはすでに疲れ果てていた。

「体が重い、筋肉痛がひどい」

　珍しく太賀くんが弱音を吐いている。「もう、これいっちゃおう」と言ってバックパックから取り出したのは、さまざまなお菓子が詰め込まれたジップロックで、表に黒いマジックで「太賀くん」と書かれている。阿部ちゃんの奥様さおりんごが用意してくれた行動食だ。山歩きには行動食が必携だ。行動食とは、飴《あめ》や煎餅などの菓子類や、カロリーメイトやソイジョイをはじめとする高カロリーバー、さらにはビーフジャーキーや干し魚といった乾物などのことで、調理を必要とせずそのまま食べられるものを言う。陽の出ているうちに可能な限り移動することが肝要となる山行においては、昼食に時間を費やすのは得策でない。ゆえに、昼は煮炊きせず、行動しながら栄養補給をするための食料だから行動食と呼ばれている。多くの登山愛好家たちにとって、この行動食選びは楽しみの一つだろう。色々と制限の多い山道具や食料選びの中で、行動食は自由度が高い。調理が必要ないこと、軽量コンパクト高カロリーであることだけが条件で、あとは山中での気分を想像しながら選んでいく。少ない予算内で遠足のお菓子を選ぶ小学生と全く同じ心持ちである。ちょうど良い制限とちょうど良い自由。その行動食選びを、今回はさおりんごが一手に担ってくれたのだ。しかし、自分のために選ぶのと、誰かのために選ぶのとでは全く意味が異なる。他人の山行中の気持ちを推し量るなんて至難の業だし、好みも不明なうえに、私のようなどう考えても口うるさいタイプの人間に文句を言われないような選択をしなければならないとなると、ほとんど苦行に近い。そのうえさおりんごは登山に精通しているわけではないはずだから、その任務は一層大きな負担であったに違いない。しかしその選択が抜群だった。まずはミレービスケット。青いパッケージに「まじめなおかし」と書かれたそれは、その表現に偽りなく、実に真面目な味がする。口に放り込んだ時に香る微かな油の匂いと、程よい塩気。嚙み砕くと小麦粉の甘さがじんわりと口の中に広がっていく。一度食べだすと止まらないのが難点だが、どれだけ疲弊していてもこれなら食べられる。と、ここまでは想定できる範囲内だが、驚いたのはいぶりがっこチーズだ。燻《いぶ》されたたくあんにクリームチーズを乗せた、近年居酒屋を席巻しているあのメニューが個包装化されてどこへでも持ち歩けるようになっている。

「上出さんが日本の食べ物恋しがってるかなと思って入れたみたい」

と阿部ちゃんが代弁する。これがまた山にぴったりで驚いた。たくあんのぽりぽりとした歯応えが山では新しく、チーズのコクでエネルギーが満ちる。重要なのは最後に残る酸味で、これが食欲の衰えを防いでくれる。

「本当にバカうまいよなこれ」

太賀くんが口いっぱいにミレービスケットを頬張ってもぐもぐしている。

「いいなあ奥さんセレクト。いいよなあ」

ボソボソと喋り続ける。

「なんなんだろうなあ」

ミレービスケットのパッケージを見つめながらぼやいている。そして私たちの方を見て、こう言った。

「こういうのって、奥さんだからしてくれるの?」

私たちが答えられずにいると「夫の安全を心配してやってくれるわけでしょ」と続ける。

「普段は全く思わないんだけど、山に来ると思うんだよなあ。奥さんが欲しいなって」

言っていることはよくわかった。どこかで自分の安全を願ってくれている人がいることには大きな意味がある。私たちは他者の願いに応えたいと思う動物である。だから、誰かの願いは力になる。心が折れそうになる時、もう一踏ん張りさせてくれるのは誰かの願いに他ならない。ところが阿部ちゃんによると、出国前に夫婦喧嘩《げんか》があったらしい。

「まあ色々あって俺が家に帰れなくて、それで喧嘩してさ。出国直前に家に帰ったら、テーブルにこのジップロックが置いてあったの。三人分。それで本当にありがたいなと思ってさ、すぐさおりんごにペイペイで一万円振り込んだんだよね」

私たちは耳を疑った。途中までは理解できた。喧嘩をすることもあるだろう。そんな中でも、阿部ちゃんのことを思って旅の準備を手伝うさおりんごの姿は想像するだけで微笑ましい。そしてそれに心打たれた阿部ちゃんは、ペイペイで一万円を振り込んだのだ。私がさおりんごだったらギリギリ離婚していると思う。感謝の伝え方がトリッキーすぎてバカにされた気になってしまう。

閑話休題。モモの話をしたかったのだ。

私たちはさおりんごセレクトの行動食を腹に詰め込むと、重い腰を上げて再び歩き出した。頭上にはこれまで見られなかった尻尾の長い鳥が群れをなして飛んでいる。疲弊した心をコントロールするためだろうか、太賀くんがボソボソと何かを朗読するように口を動かしている。収録した音声を後に書き起こしたものが下記の通りである。

俺の名前は上出遼平《りょうへい》。ニューヨークに住んでいる。ニューヨーカーは俺のことを遼平と言う。スターバックスが好きだ。俺の妻は美人だ。幸せだ。年末は二人で山の中で年越しすることを毎年の楽しみにしている。頭は剃るが髭は剃らない。それが俺のポリシーだ。昔はパンクバンドをやっていた。誰に習ったわけでもないが、ドラムを叩いている時が一番楽しかった。今はそのドラムスティックをカメラに持ち替えている。そしてたまにペンに替えたりしている。俺の表現はどこまでもどこまでも自由だ。俺には夢がある。ニューヨーク郊外の山の近くに一軒家を建てること。妻と一緒に山を散策したり、釣りをしたり。犬を飼ってもいいかもしれない。そのためにはここニューヨークで一旗あげないといけない。そんな時に阿部裕介という男と出会った。阿部は愉快な男だ。カメラに取り憑《つ》かれた男。写真に取り憑かれた男。俺はそんな阿部を尊敬している。普段はそんなに口には出さないが、彼は俺にはない眼差しを持っていた。阿部とよからぬ形になってしまったのは二〇二三年の冬。ニューヨークでのことだった。その期間、妻は東京で仕事をしていたため、ニューヨークの部屋を空けていた。阿部がどうしても泊まらせてくれと言うものだから、断るに断れず、彼を家に招き入れた。それから約二週間、俺と阿部は一つ屋根の下で過ごすことになった。阿部の作る料理が好きだ。阿部の作る、すごくシンプルだけど優しい味がする野菜スープが好きだ。ある日、阿部が包丁で指を切ってしまったことがあった。思いのほか出血がひどく、俺は咄嗟に彼の人差し指を自分の口に咥《くわ》え込んだ。そうするしかなかった。ちょうど絆創膏《ばんそうこう》を切らしていた。その晩は、一晩中彼の指を咥え続けた。阿部は嫌がる素振りも見せず、自分の指を咥えている俺のポートレートを撮った。それが今の宣材写真だ。人の指を咥えている、宣材写真。そこからのことはもう細かく語る必要もないだろう。それから約一週間は、自慢の大きなクイーンサイズのベッドで阿部と共に過ごすことになった。阿部は暖かい。阿部はとにかく優しい。

即興にしては良くできた物語だ、と言いたいところだがほぼ事実である。そして彼は続ける。声色を少し変えて。

僕の名前は阿部裕介。写真を生業としている。僕は二十代の頃何もない男だった。子どもの頃は同級生からいじめられて、日焼けしていたからとクランキーくんと呼ばれていた。でも僕はいじめたその子を責めなかった。誰かに否定されようと、僕が誰かを否定してしまったら終わりのない戦争と同じだ。だから僕は受け入れるということを子どもの頃から学んでいったんだ。そして僕の写真は人を受け入れる。その人の出自や性格、どんな仕事であれどんな人種であれ、あるがままを受け入れること。それが僕の写真だ。僕はネパールが好きだ。かれこれ十数回来ている。ネパールで通い詰める場所がある。その場所の名前はランタン谷。『地球の歩き方』には一ページも掲載されていないような、日本人にはとてもマイナーな谷だ。でも僕自身の『地球の歩き方』には、それはもう百ページにも、二百ページにもわたる、到底描ききれないほどの思い出が詰まった、そんな場所だ。鳥の鳴き声で目を覚ます。川の流れる音に安心する。星が綺麗に見える。うまいダルバート、うまいチャイ。おっと、ちょっと嘘をついてしまった。僕はチャイより、ハニージンジャーレモンティーが好きだ。もっと言うと、白湯が好きだ。でも本当は、遼平が好きだ。僕はどうにかして遼平をこの大好きなランタン谷に連れてきたかった。その時いいアイディアを思いついた。仲野太賀を引っ張ってこよう。あいつを口実にすれば遼平とランタン谷に行けるかもしれない。あいつは兼ねてからランタン谷に行きたい行きたいと口うるさく言ってきた。それを聞くたび、僕は何度も何度も右から左に聞き流していたけれど、あいつが最近遼平の番組に出て、遼平のことばかり話すようになって、嫉妬《しっと》に狂ってしまった。だから僕の目的は遼平をランタン谷に連れて行くこと。そして仲野太賀をランタン谷から突き落とすこと。だから僕は遼平と過ごしていたニューヨークに太賀を呼び出した。物語はそこから始まる。

現実にはその後、阿部ちゃん自身がランタン谷で落下することになるのだが、その話は後述するとしよう。

そして私たちはタンシャップという名の集落に辿り着いた。標高3200m。道の真ん中に大きな石積みの三角錐が現れたかと思うと、その先の平らなスペースに三つの建物が並んでいた。手前から食堂、厨房、宿泊棟。集落とは言っても、この民宿一軒しかないようだった。私たちは宿泊棟に荷物を放ると直ちに食堂へ駆け込んだ。ヤク肉のダルバートなどというメニューを発見したら頼まずにはいられず、ものは試しと食べてみたらこれが美味い。米と野菜たちの横に添えられた乾燥ヤク肉は黒々とした1㎝角で、皿に落とせばからんからんと音が鳴るほど固く炒られている。歯を当てると、一瞬骨でも食ったかな？と脳がアラートを発する。構わず噛み締めると、ぎゅうぎゅうに圧縮された旨みが弾けるように飛び出しては唾液に溶けて口いっぱいに広がった。小さな肉の粒ひとつで米一杯いけるのではないかとさえ思わせてくれる爆発力。こうなると食欲は止まらない。あっという間にダルバートを平らげた私たちは、次なる標的を求め熱視線で火がつくほどメニューを舐め睨む。そして見つけたのが、アップルモモだった。ヤクの塩気にいささか胃がムカムカしていた私たちは、突然現れた爽やかそうなメニューに飛びついた。矢も盾もたまらず注文を済ませ、銀色の器やスプーン、フォークをテーブルに激しく打ち付けて雄叫びを上げる私たちのもとにそれはやってきた。ステンレスの皿に一つだけ乗せられた、巨大な揚げ餃子のような物体。アップルモモである。先述の通り、モモの基本形態は一口大の餃子だ。しかし、これは大人の手のひらより大きい。単細胞生物の子モモがいくつも結合して、親分一つになったようで少し可愛い。太賀くんのナイフが狐色に揚げられた生地を貫いた時、私の耳はパンドラの箱が開く音を聞いた。生地の破片を散らしながら開陳されたモモの中から、白い湯気と共に甘酸っぱい香りが立ち上る。そして湯気を押し出すようにして、とろりと金色の液体が溢れ出して皿に広がる。見ているだけで美味い。阿部ちゃんは眼鏡を真っ白に曇らせて、全身をブルブルと震わせている。太賀くんが一口喰《く》らい、いつも通り「うまー」と白い息を吐き出したところで私も頬張り「うまー」と漏らす。素朴な甘み。山を歩いた後には、こういうものが元来必要なのではないかと思った。山の晩ごはんは大概が塩と脂によって構成されている。しかし、この酸味と甘味こそを疲れた体は求めていた。自分が本当に欲しているものは、手に入れてみないとわからなかったりするから難しい。「これほんとうまいなー」太賀くんが不思議そうにモモを見つめている。しかし、アップルモモのポテンシャルはこんなものではなかった。私たちはあくる日、生涯忘れることのできないアップルモモに出会う。

　そのパン屋の女性は耳が聞こえなかった。集落と集落のちょうど間に、青いトタンの小屋が一軒ぽつんと立っている。Peaceful Bakery & Tea House（平和のパンとお茶の店）と名付けられたその店は、日本でいう峠の茶店のようなものだろう。宿泊はできないが、旅人たちが束の間の休息を得るために立ち寄る場所だ。無論、私たちは吸い込まれるように入店した。建物の強度より眺望を優先させたとしか思えない、全面ガラス張りの小屋に先客はない。パンが並んでいるはずの棚は空で、生地を捏ねる機械には布が被せられている。オフシーズンはパンを焼いていないらしい。小屋自体が眠っているように静かだ。谷の奥に美味いパン屋があるらしい、と阿部ちゃんに聞かされていただけにショックは拭えなかったが、コーヒーだけでも飲んで行こうかと席に着いた。長椅子の端には毛布が畳んで積まれ、その上には分厚い英語の小説が置かれている。タイトルは『I fell in love with hope（私は希望に恋をした）』。つい数分前まで、誰かが恋愛小説を読んでいたのだ。こんな谷の奥で、一人恋愛小説を読むのはどんな気持ちだろう。静寂と孤独がスパイスになるだろうか。

隣の厨房から従業員の女性が現れた。これまではどこの小屋でも高齢の女性が給仕に立っていたが、その人は私たちと同じくらいの年齢に見えた。自信無さげな表情と裏腹に、ズボンは豹《ひょう》柄で腕には小さなタトゥーが見える。メニューはあるかと尋ねると、身振りで耳が聞こえないと教えてくれた。使い古されたノートを手渡され、そこに欲しいものを書くようにと説明してくれる。それを開くと、「Is there a cheese cake?（チーズケーキはありますか？）」とか「Chai?（チャイはありますか？）」と書かれている中に、「You are good by heart.（あなたは心の優しい人）」だとか「I hope to meet you again.（また会えることを願っています）」といったメッセージがいくつもあった。訪れた客たちが、このノートを使って彼女に感謝を伝えている。前日のアップルモモが忘れられない私たちは、ダメ元で「Apple momo」と書いてみた。すると女性はうんうんと笑顔で頷いてくれた。どうやら作れるらしい。私たちはアップルモモとコーヒー（阿部ちゃんは白湯）を注文して、出来上がりを待った。店は一人で切り盛りしているようだった。耳が聞こえない彼女にとって、ここで一人働くのはどんな気持ちなのだろう。怖い思いをすることもあるだろう。逆に都市部で暮らすより楽なこともあるかも知れない。英語の恋愛小説はきっと彼女のものだろうと思った。理由はわからないけれど、きっと間違いないと思う。あんなに分厚い本が読めるくらいだから、英語が堪能なのだ。店の中を彷徨《さまよ》っていると、賞状のようなものが壁にかけられているのを見つけた。聾者《ろうしゃ》のためのパン作り研修の修了証だった。集合写真の中で、その女性が白い制服を着て写っている。彼女はどのようにしてこの谷に辿り着いたのだろう。学校のプログラムでここに派遣されたのだろうか。それともそもそもこの生まれで、パン作りを学びにカトマンズに出てから戻ってきたのだろうか。話を聞きたくなるけれど、注文用のノートを使ってそれを尋ねるのは正しくないような気がした。

厨房から、包丁がまな板を叩く音が聞こえてくる。私はレコーダーを手に音の方へ向かう。「エクスキューズミー」と言って仕切りの布を潜るけれど、彼女には声が届かない。日の差し込む窓に向かって、包丁を動かしている後ろ姿。驚かせないように遠くから回り込むと、生のリンゴを切っているのが見えた。包丁の刃がリンゴの細胞を切り裂くザクザクとした音。どうしてもその音を近くで録りたくて、レコーダーを持った手を伸ばすと彼女はそれに気づいて少し驚いた顔をする。物珍しいものを見るような目でレコーダーを眺めると、再び包丁をリンゴに差し入れた。谷を吹き抜ける風の音が、窓の向こうから少しだけ聞こえてくる。あとの音はほとんどが彼女に由来する。重心を動かすたびに鳴る、床板の軋《きし》む音。タオルで手を拭く時の、繊維と皮膚が擦《こす》れる音。イヤリングが揺れる音。呼吸。私のレコーダーはそれらの音を全て記録する。192kHz/24bit。人間の可聴範囲を越える広域帯をカバーしているけれど、所詮《しょせん》は0か1かのデジタル情報にすぎないから、ここにある音そのものを持って帰ることも、後で人に聞かせることもできない。世界中のありとあらゆる場所に特有の音がある。目を瞑《つむ》れば音の世界が広がる。しかし、この人にはそれが聞こえない。私はその事実に狼狽《うろた》える。

「音でリスナーを旅に連れて行けるような番組を作ります」

スポンサーを口説く時、そんな売り文句を何度も繰り返した。しかし、この女性にはリスナーという立場がそもそも与えられていない。彼女はきっと、今包丁がリンゴを切り裂く時にどんな音が響いているのかを知らない。そんな人の音を録るのは搾取なんじゃないのか。そんな疑念に囚われる。

私は一旦厨房を出る。阿部ちゃんは撮影済みのフィルムを机に並べて番号を振っている。外で写真を撮っていた太賀くんは店内に戻ると「あのおじいちゃんを撮らせてもらったら金くれって言われちゃった」と窓の外の男性を示した。私たちがここにやってきてからずっと、外の席に座って手に持った数珠《じゅず》を数えている。確かに写真に収めたくなる姿だ。しかし、彼は写真に撮られるためにそこに座って、日がな一日数珠を数えているわけではない。写真を撮られる義務はない。だから私たちは三人とも、他人から拒絶される立場にある。そう思えばこそ、撮影や収録を許してもらえた時の喜びは大きい、とも言える。

そして、アップルモモが爆発的に美味いのだった。昨晩の素朴な味も良かったが、ベーカリーの修業を経た腕は桁違いだった。相変わらず一つで皿がいっぱいになるサイズ。しかしどこかに軽やかさを感じる見た目で、差し詰め巨大なクロワッサンのようでもある。ナイフを入れる。固く揚げられた表面が砕けると、もっちりとした生地が現れる。私たちは少し冷まそうという文明的な思考をかなぐり捨てて、揚げたてのそれを口に放り込む。シナモンの香りが鼻に抜ける。ハチミツとリンゴの果汁が合わさったソースが舌に絡まる。程よく熱の通った角切りのリンゴが、弾力を伴う特徴的な食感を獲得している。ざくり、とそれを噛み砕くと、しっとりした生地と合わさって完璧な食味を実現させる。パリパリ、もちもち、とろり、ザクザク。世界の好ましい食感を一口で味わうことができる。いややは、格別である。私たちはそのあまりの美味さにしゃべることも忘れて、我がちにフォークを往復させる。ほんの一分前には皿の上にあったものが、もう消滅している。呆気《あっけ》ない。悲しい。しかし、なくなってしまうから有難い。なくなってしまったから、私たちの記憶に残る。そしてこうやって原稿に書いたり写真に撮ったりすることで、他の誰かの記憶にも残る。私たちは好きなものを残したい。そんなシンプルな欲望のために、撮ったり録ったりしているにすぎない。

コーヒーを飲み干し、私たちは出発の準備をする。阿部ちゃんはカメラを片手に、身振り手振りで女性と何かを話している。女性は阿部ちゃんの指示通りの位置に立つと、カメラに向かって初めての笑顔を見せる。カシャン、と古いカメラのシャッターが降りる。「サイッコーの一枚撮れた！」

阿部ちゃんは破裂しそうな興奮を見せる。阿部ちゃんのコミュニケーションには言葉が要らない。むしろ言葉が邪魔する可能性すらある。最後に阿部ちゃんはノートに何かを書きつけて、私たちは店を後にした。いったい何と書いたんだろう。少し気になるけれど、少し怖いところもあって、やはり聞かずにいようと思った。思い出はなるべく綺麗な状態で保存しておくべきだから。

Zpacks

MIDNIGHT
PIZZA
CLUB

CAUTION | सावधान
LANDSLIDE RISK AREA
पहिरो जोखिम क्षेत्र
Rimche Pairo
2252 m
SOKER
ICIMOD

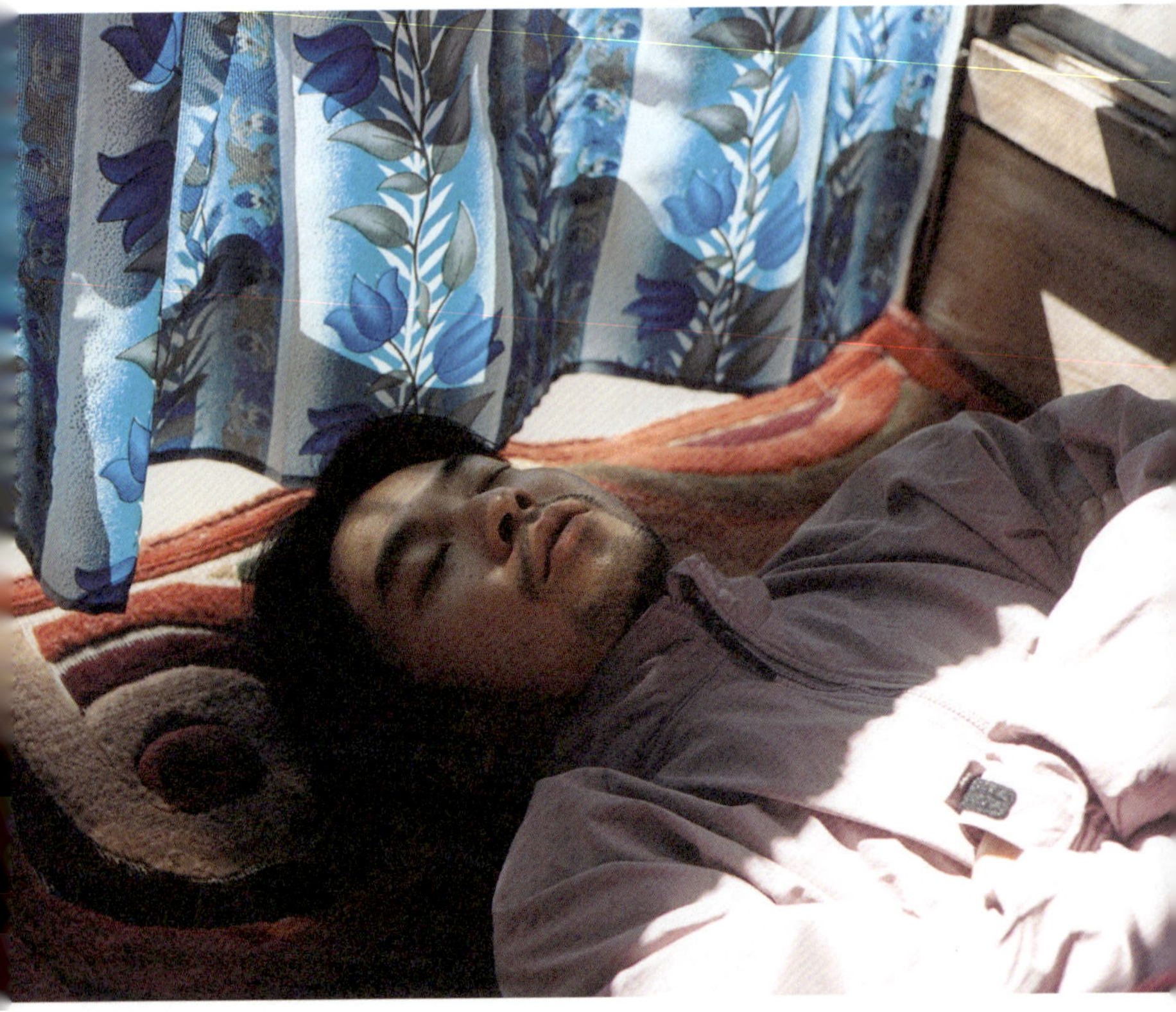

MADE
BAKE
Flour Suger

11

旅に仲間が加わったのは、山を歩き始めて四日目のこと。彼の名はパサン。二十一歳。カトマンズの学校に通う彼は、自分の故郷、谷の最奥の集落キャンジン・ゴンパにある家族の宿を手伝うために、冬休みの間だけ帰ってきているという。彼は昨夜私たちが止宿したタンシャップのゲストハウスの、ヤク肉のダルバートを出してくれるおかみさんの孫だった。今朝、おかみさんがパサンに電話をかけて、私たちの案内をするように言ったらしい。小柄で肌は浅黒く、強いウェーブがかかった茶色い髪の毛の奥で、人懐っこい目がきらきらと光っている。そんな青年が道中、谷の坂の上から「君たちが日本人？」と声をかけてきた瞬間は、どう切り取ってもドラマの一シーンだった。

「学校を卒業したら、谷に戻って自分の宿を始めるつもりなんだ」

パサンは私たちの数倍流暢《りゅうちょう》な英語を話す。

「谷の若者たちはみんな出ていっちゃった。僕の一番上の姉はドイツだし、次はオーストラリアで、その次がポーランド。兄はアメリカに行ったきり。誰も帰ってこない。外国に行ってその国のライフスタイルを知っちゃうと、帰ってきたくなくなるんだ。だから僕は外国には行かないようにしてる」

他国での暮らしが快適であることを、パサンは知っている。けれどここを離れようとはしない。

「谷の宿は悪いビジネスじゃないけど、かなりハードなんだ。冬は水も凍っちゃうし。でも、歳をとっていく親のそばにいたいんだ」

案内するよと言われたときは、正直少し疑った。頼んでもないのに後でお金を請求されるんじゃないかとか、無理やり彼の親族の宿に連れていかれるんじゃないかとか、汚れに塗れた私の心はそんな疑念のパターンをこれみよがしに持ち出しては、騙されるんじゃないよと耳元で囁いた。けれど少しの距離を並んで歩き、いくつか言葉を交わしただけで、私は彼を疑うのをやめてしまった。太賀くんも阿部ちゃんも、なぜだかハナから彼を信じているようだった。

四人になった私たちは、一列になって歩き続けた。先頭のパサンは時折立ち止まって振り返り、谷のことを話してくれる。いつから現れるようになったのか定かでないが、谷に沿ってコンクリート製の電柱が立ち並び、撓《たわ》んだ電線が奥へ向かっている。一本の電柱の先端に黒いゴミ袋のようなものが乗せられていた。どうしてあんなところに、と思ってよく見ると、それと目が合った。ぴくりとも動かない、巨大なカラスだった。カラスは真新しい強固な支柱の上から、私たちをじっと見下ろしている。

「あっち側、木が生えてないでしょ」

パサンが川を挟んだ谷の対岸を指している。

「昔はあの山肌もジャングルみたいに木が生い茂ってたんだ。だけど、地震で崩れて何もなくなった。今見えてるのは新しく生えてきた若い植物だよ」

確かに、大きくても人の背丈ほどしかない灌木《かんぼく》が、急な山肌にしがみつくように生えている。二〇一五年四月、この谷は大きな地震に襲われた。

「あの山の上に大きな湖があって、それが地震で決壊して下の集落が丸ごとなくなったんだ」

私たちが向かう先に見える、迫り上がった岩壁の上方を示す。それは氷河湖決壊洪水という名で知られる現象だ。ヒマラヤをはじめとする高山帯で近年大きな問題とされている。地球温暖化に伴い氷河が溶け、窪みに水が溜まる。これが氷河湖だ。言わずもがな、この湖は条件次第で極めて危険なものとなる。水が一定の量を超えれば、湖を形成する壁——氷河が削り取った岩石の堆積物で形成された極めて脆《もろ》い壁のどこかが重さに耐えきれず決壊する。大きな地震が起こればひとたまりもない。去年もヒマラヤの氷河湖が決壊し、インドの集落が水没した。死者十四名、行方不明者百名以上。かつてここに集落を作った村人たちは想像もしなかっただろう。自分たちの頭上に水の時限爆弾ができてしまうなんて。

なお、地震発生数日後に行われた衛星画像の解析によれば、ランタン谷で氷河湖決壊洪水は起こっていなかったと結論づけられている。パサンは明確に「湖が決壊した」と言っていたけれど、どちらが正しいのか私には判断できない。データから学者が分析した事実と、地元の人間たちが体感した事実との間に乖離《かいり》が生まれるのはよくあることだ。

先を歩くパサンが、道が山側に大きくカーブする場所で立ち止まっている。その足元には歪《いびつ》な形のコンクリートの塊。「これは吊り橋の土台」と言って、谷の先の荒れた斜面に視線を向ける。

「ここからあっちまで大きな吊り橋があったんだ。その先がランタン村だった。だけどこの上の丘が丸ごと崩れてきて、この一帯は完全に壊れた。五分で全てが変わった」

私たちはこの谷で最も大きかった村、ランタン村の入り口に立っていた。しかし、今はもうその名残すらほとんど見当たらない。地震に揺さぶられた山は、黒い雪崩を発生させた。黒い雪崩、というのはあくまで便宜的にそう呼ばざるを得ないだけだ。おそらく正しい呼称は存在していない。7000メートルを超える山の上で数百、数千年保持されてきた雪と氷と岩石が突如放り出される。膨大な質量を持ったそれは渾然《こんぜん》一体の黒い波となった。はるか下方の村を襲ったのは、地震発生からおよそ一分後のことだ。その速度は秒速100mにもなったという。家屋は薙《な》ぎ倒され、押し流され、覆い尽くされた。震災直後の写真を見ると、谷は黒い土砂で覆われて、そこに村があったとは到底思えない。それから九年近くがたった今、目の前に広がっている光景と、その写真に写った光景はほとんど変わらない。この足元に、村の残骸と人々の亡骸《なきがら》が埋まったままであることは明らかだった。

「谷の人間が百人以上死んだ。ちょうどその日、キャワっていうセレモニーがここであったんだ。村人の死後一ヵ月の時にやる葬式みたいなもの。おじいさんやおばあさんは家から出られないから、谷の他の集落からは若者が集まった。それで、その会場を雪崩が直撃した。だからこの谷には若者が全然いないんだ」

このときパサンは最奥の集落、キャンジン・ゴンパにいた。キャンジン・ゴンパも激しく揺れたが、激浪《げきろう》の被害は受けずに済んだ。

道から離れた崖の上や下に、黒い点が目立つようになってきた。牛か水牛だろうかと訊ねると、あれはヤクだとパサンが教えてくれた。よく見れば、顎の下や腹の下で長い毛が風に揺れている。キャンジン・ゴンパにはチーズの工場があるという。ナク（雌のヤク）からとれるミルクで作ったチーズは高値で売れるらしく、スイスに運ぶために谷で初めて飛行場が作られたほどとのこと。

あれが新しいランタン村だよ、と指差す先に、青い点々が見える。私たちは崩れた斜面を抉《えぐ》るように付けられた新しい道を歩いてそこに向かった。

新しいランタン村は、低い石積みの塀で囲繞《いじょう》されていた。どこからか石が敷かれるようになった谷の道がまっすぐ村へ伸びて、その塀を貫いている。私たちは小さな沢に掛かる橋を渡り、石塀の切れ目を通って村へ入った。近づいてみるとその塀は私の胸ほどの高さしかなく、いったいどんな意味があるのだろうと不思議に思った。もちろん雪崩や落石を防げるような高さではないし、人も動物も簡単に乗り越えられる。パサンに聞こうと思ったけれど、彼は村に入るなり歩みを早めてどこかへ消えてしまっていた。

ランタン村はそれまで通ってきた集落とは多くの点で異なっていた。まずはその規模。パッと見た限りでも、建物の数は三十を超える。そしてそれらはどれもコンクリート製で、屋根は一様に青いトタンで作られていた。遠くから見えた青い点々はこの屋根だった。私たちはどこからか再び現れたパサンに案内されるまま、彼の叔父がやっているというゲストハウスを訪ねた。階段の一段目に足をかけて、初めてそれが今回の山行で初めて踏んだ階段だということに気がついた。今までの集落ではどの建物も平屋だったが、ランタン村では二階建て以上の建物がほとんどだった。

「部屋、一人一部屋でも全然いいよ実際」

阿部ちゃんがいつも通り、誰かの要求に同意するような形で自分の望みを表明する。私と太賀くんは、それに少し引っかかる。というのも、旅の序盤で現金が不足していることが判明し、ヘタをすると後半の食費が賄えなくなる可能性が浮上していたからだ。阿部ちゃんはビールの値段が高いことを指摘し、私と太賀くんの飲酒量に制限を加えていた。だから、ここで阿部ちゃんと争うことも可能だったが、私たちは阿部ちゃんが是が非でも一人で寝たいタイプの人間であることを十分に理解していたから、一人一部屋の提案に乗った。部屋の料金さえ聞いていなかったけれど――と、この旅の間は金のことをよく考えた。そして、それもまた旅の要素として楽しめるようになりつつあった。ちょうど昼時だったので部屋に荷物を放って、私たちは三階の食堂に集まった。

ピカピカに磨かれた深い茶色の床板が、窓から差し込む光で眩しいくらい光っている。「Sea Buckthorn Juice（シーバックソーンジュース）」という聞き覚えのない名前の書かれた貼り紙を見ていると、「ここで採れるベリーのジュースだよ」とキッチンから顔を出したパサンが「一杯サービスするね」と言って再びキッチンに引っ込んだ。そういえば、結局彼の親族の宿へ連れてこられてしまったわけだけれど、彼にはほとんど嫌らしいところがないし、宿もとても気持ちが良いし、問題はなさそうだ。

そのジュースは、大塚製薬の黄色いスポーツドリンク「エネルゲン」にそっくりだった。ベリーと聞いていたからつい赤や青を想像していたが、綺麗なオレンジ色だ。シーバックソーン（日本ではサジーと呼ばれる）はグミ科の植物で、果実が黄色い。味もミカンによく似ているように感じたのは、きっとミカンの黄色もサジーの黄色も、さらにはエネルゲンの黄色もカロテンに由来するからだろう。私は多分、カロテンの味をミカンの味だと思って生きてきたのだ。それにしても、渇いた体によく染みた。

大した距離も歩いていないのに、私たちは腹が減っていた。食って寝てばかりいるなと多分それぞれが思っていたが、そんな不要な思いは胸の奥にしまって美味そうなメニューを片端から頼んだ。チョウメン、ダブルチーズオムレツ、フライドライスにサラダ。いつものように厨房から強烈なニンニクの香りが届いてくると、私たちはいつものように涎を撒き散らしながら雄叫びを上げた——と言いたいところだが、「雄叫び」という言葉は時代にそぐわない。本書でもすでに四回ほど使っているが、ここまできたら無視はできない。もう限界だ。なぜ猛々しく咆哮することに「雄」などという字を充てる必要があるのか。「雌叫《めたけ》び」が無いのは明らかに不当だ。戦国時代の感覚だろうか。もしもここが雄大なヒマラヤ山脈の中でなかったら、温厚な私でさえSNSで……いや、ちょっと待ってほしい。「雄大」だと？　自然の壮大さを表現しようとするときに、なぜ「雄」でなければならないのか。「雌大《しだい》」が無いのは心底気持ち悪い。などと熱くなってきたところで料理が湯気を立てて運ばれてきた。どれも日本の二人前はある大盛りだ。早速太賀くんがチョウメンに箸を差し込む。今までのチョウメンより麺が太くて、どう見ても焼きうどんのようである。

「この太い麺が食いたかったんだー！」

　味は焼きうどんというよりも太麺の油そばに近いらしい。チーズがたくさん振り掛けられているのも独特だ。一方私のフライドライスは刻んだ野菜がたくさん入っていて私の好みにぴったりだった。驚いたのは、ほとんど生のニンニクがたくさん入っていたこと。それをしゃくっと噛んだときの刺激は唐辛子や山椒なんかよりよほど強く、食べ始めたらスプーンを止められなくなるほどだった。そしてサラダ。こんもり盛られた葉野菜の中に、マヨネーズで和えられたキャベツの千切りが隠されていた。つまり、コールスローサラダである。サラダとは思えないそのコッテリとした味付けが嬉しい。阿部ちゃんが全ての皿を縦横無尽に突きながら「こうやってみんなで色々注文できるのっていいな」と泣きそうな顔で言う。

「一人だとメニューで冒険できないから」

そういえば、山に入って最初の食事を注文するとき「どれを頼んでも同じだよ」と阿部ちゃんは言っていた。きっとそれは彼の記憶の中では事実だったのだろう。確かに一人旅では注文できるメニューは一つ。失敗は許されない。だから冒険せず、知っているメニューだけを頼むことになる。結果、いつの間にかどこの宿に行っても同じものばかり食べることになったのだろう。

「山は三人がいいな」

私もそう思う。三人が何かとちょうどいい。

「うーまうーま」

太賀くんは関心がなさそうにチョウメンを口に運び続けている。阿部ちゃんはまだ湯気を立てているオムレツにフォークを差し込み、私はフライドライスを頬張った。

旧ランタン村は丸ごと全て失われた――わけではなかった。

「一軒だけ無傷だった家があるんだ」

村に入る直前、パサンが崖を指して言った。

「岩陰にあって無事だったんだ。村の政治家の大家族が住んでた家が」

腹を満たした私たちは、その家を見に行くことにした。

パサンは姿を消していたから、私たちは三人で宿を出た。バックパックを背負っていないと、太賀くんと阿部ちゃんはそれぞれカメラだけを持った。私は音声レコーダーを、体が軽くて思わず走り出したくなってしまう。と、思ったのは私だけじゃなかった。阿部ちゃんは突然駆け出し、ピョーンと飛んだ。スタッと着地すると、くるりとこちらを振り返り「今めっちゃ飛ばなかった⁉」と叫ぶ。確かに、結構高かった。だから私も太賀くんも「めっちゃ飛んでた！」「今までで一番高かった！」と応答する。阿部ちゃんは「なんでこんな高く飛べるんだろう！　気圧が低いからかなぁ」と興奮を抑えられずにいる。私は阿部ちゃんのことを羨ましく思った。私だって、走り出したいな、飛び上がってみたいなと思ったのだ。

しかし、私はすっかり調教されてしまっていて、欲求と行動との間にいくつもの障壁が立てられている。まるで会社でボールペンを一本買うために上長のハンコリレーを進めていかなければならないようにナンセンスだ。走りたいと思ったら走れば良いのに、ハンコリレーをしているうちにその欲求は萎《しぼ》み、すり減り、いつの間にか霧散してしまう。自分が自分で手に入れた、せっかくの欲求だったのに。阿部ちゃんはそのハードルを持ち合わせていない。やりたいと思ったら考える前に体が動いている。短兵急《たんぺいきゅう》な男。やりたくないと思ったら頑なにやらない。すごく健康的だし、人生を正しく楽しんでいるように見える。

私たちは敷石の施された道を歩き、村を囲う塀の外へ出る。道の両脇には綺麗な沢が流れている。と言うよりも、沢の中心に石を敷いたようにも見える。たまたま道の両脇に水が流れるようになってしまったのかもしれないけれど、そこを歩くのはとても気分が良かった。理想郷みたいなものをデザインする機会があれば、道の両脇に水を流そうと思った。昼過ぎの谷は白い光に溢れていて、私たちが歩いてきた先は霞《かす》んで見えない。光があまりにも強くて、サングラスをしていても眩しい。フィルムカメラを使う二人は、その明るさに対応するのに四苦八苦している。光の量に応じて異なる感度のフィルムを装塡しなければならないが、ここまでの明るさは想定していなかったらしい。

村を出てすぐ、崖の方向へ枝分かれした道を進んでいく。近づけば近づくほど、覆い被さってくるような崖の大きさに目眩《めまい》がしてくる。そしてその足元に、確かに一軒の建物があった。立派な建物。例えばその崖全体を窓のない高層ビルだとする。その一階部分に出入り口のドアだけが埋め込まれている。そのドアのような塩梅《あんばい》で、建物は崖の中にめり込むように建てられていた。近づくとその家がいかに丁寧に、頑強に作られたものかがよくわかった。灰色の花崗岩《かこう》を正確に切り出した大ぶりなブロックが隙間なく積まれた外壁。緑の窓枠が横に五列、縦に三段並んだ三階建。中心に設けられた木製の扉には細やかな彫刻が施されており、洋館のような趣さえある。政治家の家だと知ると合点がいく。巨大な岩肌の抉れた部分に、身を屈めて雨宿りをするように建てられた家。背面はピッタリと崖に付いていて、裏に回り込むことはできない。人が住んでいる気配はなかったが、定期的に手入れはされているようだった。

「むしろこの家が崖を支えたのかな？」

太賀くんが首を折って見上げている。確かに、そんなふうにも見える。この家がなければ、抉られた部分を潰すように岩壁がどすんと落ちてきそうだ。と思ったけれど、やはり上に聳《そび》える岩の大きさを考えれば、人間が積んだわずかな石のなせることなどほとんどないだろうとも思った。

建物の中に入れるわけでもないから、私たちは近くの丘に登ってみることにした。太賀くんが道のないガレ場を無理やり斜めに上がっていく。私たちはその後を追う。坂はどんどん急になり、しばしば足をとられる。

「もうその辺にしよう」

私が呼びかけ、彼はようやく立ち止まる。振り返ると、新しいランタン村の全体像を見下ろせた。

物語の舞台みたいだと、私はつい思ってしまう。大きくて静かなヤクたちが草を食《は》む「世界で一番美しい谷」と言われたヒマラヤの谷の奥に、石の塀で囲まれた小さな村がある。そこには敷石の道が一本続いている。その村は一度震災で失われ、新たに作られたものだ。足元には村人の亡骸がまだ眠っている。しかし、全てが破壊されたわけではない。一棟だけ、無傷だった家がある。崖の窪みに建てられた、石積みの絢爛《けんらん》な家屋。その家にはもう誰も住んでいないが、何者かによって手入れだけはされている──私の頭は、その村の中に都合の良い家屋を建て、都合の良い人物を住まわせようとする。もちろん都合の良い来訪者もいずれやってくることになる。しかし、私はその生成されていく物語を中断する。ここは物語の舞台に相応しくない。舞台は平らでなければならない。そうでないと、セットを立てることも、演じることもできない。しかし、この谷の現実はまだ均《なら》されていない。物語を受け入れるには、もっと時間が必要だ。だから私はまだ、自分がここで見たことをそのまま書きつけることしかできない。

私たちは崖を降り、村の反対側を見にいくことにした。その判断が誤りだったとは、この時まだ知る由もなかった。

裏手には、村と同じくらいの面積の平地が広がっていた。砂と石の間にまばらな下草が生えているだけの、何もない土地。黒い浮島のように、ポツンポツンと座り込んだヤクたちが夕暮れ前の微睡《まどろみ》に耽《ふけ》っている。平地の先には一段高くなった台地が立ち上がり、その奥に峠が見えた。私たちはその台地に登ってみることにした。あそこからなら、夕日に焼ける村を撮ることができそうだった。石敷きの道は村の中心を突っ切った後、ヤクの点在する平地を避けるように大きく左に膨らんで、台地の麓へと続いていた。谷の日没は早い。周囲の高い山々が太陽から谷を隠してしまうからだ。時刻はまだ夕方の五時に差し掛かる頃だったが、あたりは薄暗くなり始め、気温は氷点下に近づいていた。私が道を進んでいくと、太賀くんが「こっちから行けるんじゃない？」と敷石から外れて、台地に向かって直進を始めた。確かに、まっすぐ行った方が大分近い。しかし、道には常に意味がある。無意味に人間を迂回させる道は使われず、朽ちていく。だから私は道という概念を信じているし、太賀くんは間も無く何らかの障壁に行手を阻まれ、自らの傲慢《ごうまん》さを深く恥入りながらこの道へ引き返してくるはずだ——案の定、彼は歩みを止めた。足元を見つめて何かを考えているが、距離の離れた私からはそこに何があるのかわからない。と、その時、視界の端で黒い物体が猛スピードで動いた。阿部ちゃんだ。阿部ちゃんがまたしても走っている。そして太賀くんの横で大きく踏み切り、飛んだ。そしてそのままゆっくりと、地面に飲み込まれていった。まずは足が沈み、膝が沈んだところで上体は大きく前傾し、胴体が丸ごと沈んでいった。嘘じゃなく、その様子はスローモーションに見えた。そこは沼だった。そして今、沼からは右手だけが一本突き出して、濡れずに済んだカメラが夕日に輝いている。美しい光景だった。画像生成ＡＩに「写真家の鑑《かがみ》」と入力したら描かれそうなシーンだ。私は足元に注意しながら道を外れ、レコーダーを手に彼らの元に駆けつける。太賀くんは腹を抱えながらその様子を撮ろうとカメラを構えている。阿部ちゃんは全身から水を滴らせて立ち上がると「カメラは守った！　カメラは守ったぞ！」と右手を掲げているが、その瞳孔《どうこう》は開き切っていて、生存の危機を感じた脳がアドレナリンを大量放出したのがわかる。「寒すぎる、これは寒すぎる」阿部ちゃんは怯えた犬のように全身を震わせている。その様子を見て、太賀くんはひきつけを起こしたように全身をくねらせて笑う。阿部ちゃんは「この太賀の顔撮らないと！」と震える手を何とか抑えこんでカメラを構える。そんな狂った光景を、私はただ眺めている。

太賀くんの足を止めたのは水溜りだった。そのおよそ一メートル先には控えめに草が生えていた。太賀くんは慎重だった。この水溜まりは、見えているだけで全てなのか。あるいは——その時、太賀くんの横をそれが通過した。

「あ、と思った時にはもう、踏み切ってる阿部ちゃんがいました」

太賀くんはそう述懐する。水溜りを飛び越えた阿部ちゃんは、その先の草が生えた場所に着地した、はずだった。しかしそこもまた、深い水溜まりになっていた。正確に言えば水溜まりでさえなかった。阿部ちゃんから滴る水は黄味がかっており、あたりには不快なアンモニア臭が漂っている。

「ヤクの糞じゃね？」

太賀くんはそう言って、谷中に乾いた笑い声を響かせた。

12

翌朝、阿部ちゃんは見事に風邪を引いていた。三階の食堂で眠気覚ましのコーヒーを飲んでいると、「風邪です」の顔をした阿部ちゃんが上がってきた。脇の下に貼り付けてあった食べかけの飴玉を剝がして口に含むと、宿のおかみさんに「お湯一つ《タトパニ》」と言って私の隣に腰掛けた（※阿部ちゃんは乾燥から喉を守るため、はちみつの飴を重用している。数の限られた飴玉を効果的に消費すべく、一つを何度かに分けて舐める。舐め途中の飴玉は、衣服の任意の場所に貼り付けて保存する）。

「風邪です」と阿部ちゃんは私の目を見てやはり言った。

昨晩はマイナス六度まで冷え込んだ。宿の布団だけでは寒すぎて、持ってきた寝袋を被らないと眠れなかった。湯気で眼鏡を真っ白に曇らせながらタトパニを啜る阿部ちゃんを見て、つい昨晩のことを思い出してしまう。真っ暗なシャワー室。もうもうと立ち上る白い湯気。ヘッドランプの灯りを頼りに、汚れた服を洗う阿部ちゃん。曇って光る眼鏡。携帯電話から流されるスピッツの『チェリー』。

どんなに歩いても　たどりつけない
心の雪でぬれた頬

悪魔のふりして　切り裂いた歌を
春の凪に舞う花びらに変えて

汚れたズボンから流れ落ちる黄色い水が、詰まりかけの排水口へ流れていく。湯気は立っているけれど、湯と呼ぶにはぬる過ぎる、常温のシャワー。阿部ちゃんはスピッツに心をもたれかけさせて、何とか寒さを耐え忍んでいる。

「愛してる」の響きだけで　強くなれる気がしたよ
ささやかな喜びを　つぶれるほど抱きしめて

なぜかわからないけれど、草野マサムネの声が心に響く。ガクガク震えながら、ヤクの糞に塗《まみ》れた服を懸命に洗う半裸の男。ヒマラヤの妖怪。妖怪糞洗い。

ズルしても真面目にも生きてゆける気がしたよ
いつかまた　この場所で　君とめぐり会いたい

私は心から、草野マサムネの歌い上げる言葉に同意していた。ほとんど人外なこの存在と、私はもう一度ここで会いたい。

「それにしても俺たち寝過ぎだよね。今日も十時間くらい寝たもんね」

そう言う太賀くんの顔は、低気圧も相まってハンギョドンのように膨れ上がっている。阿部ちゃんはいつもの通り「体痛くて全然眠れなかった」と不平をこぼす。

今日、私たちはいよいよ谷の終着点に向かう。キャンジン・ゴンパというその集落は、パサンの生まれた土地でもある。「ゴンパ」は「寺」を意味しているらしいから、高円寺とか国分寺とかと同様に、寺の名前が土地の呼称になったのだろう。キャンジン・ゴンパの標高は３８４０m。パサンはすでに出発の準備を整えて、私たちが立ち上がるのを待っている。パサンは厨房のソファで寝たらしい。「料理で使う竈の熱が残ってて、朝まで暖かいんだよ」パサンの顔はスッキリしていていかにも健康そうで、腫れ上がったり鼻水に塗れたりしている私たちとはまるで違う。昨晩、阿部ちゃんが沼に落ちたことを報告したときは腹を抱えて笑っていたが、今朝の阿部ちゃんの弱りようを見たパサンは驚いたのち、その絵に描いたような不調さの表現に、堪えきれずに少し笑った。

阿部ちゃんが十一杯目のタトパニを飲み干し、私たちが宿を発ったのは昼頃だった。この日も谷の空は晴れ渡っていた。私たちが山に入る少し前にも雪が降ったらしいから、ここまで好天に恵まれたのは幸運というほかなかった。私たちはパサンを先頭に、いつもの順で村を出た。

　阿部ちゃんが落ちた沼の辺りでは、何頭ものヤクがぼんやりとした目で草を食んでいた。こうして見ると、明らかに人間が歩いて通過すべき場所ではないことが見て取れる。私たちは石敷きの道を歩くパサンに従《つ》いて歩いていった。

　集落の裏の丘の上には小学校があった。壁一面に極彩色の絵が描かれた三階建ての校舎。保育園と小学校を兼ねているという。テニスコート一面分ほどの校庭からはヤクの広場と、その向こうの集落を見下ろすことができる。ボールなんかが下へ落ちたら、回収してくるのに四十分はかかるだろう。現在の生徒は四人か五人。今は冬休みの最中で、風の音だけが響いている。パサンには同級生が九人いたが、五人は震災で亡くなり、残りはカトマンズや外国に暮らしている。谷に残ろうとしているのは自分一人だという。

　それにしてもすごい景色だ。私たちが歩いてきた道の細さも、ランタン村の小ささも、ここからならよくわかった。左右に迫る山脈があまりにも大きくて、道や集落に人間の営みがあるように感じられない。指の腹でひょいと拭えば、集落はすっかり消えてしまいそうだ。こんな寂しい場所に、どうして人は住もうと思ったのだろうか。

　集落の端の、トタンに囲われた空地で忙《せわ》しなく動いているものが見える。村の若者たちが大きな円を作って立ち、その中で真っ白い馬が狂ったように走り回っている。

「調教してるんだ」

パサンも暴れる馬をじっと見ている。まだ若い馬は輪の中で飛び跳ね、目の前の現実を振り払うように鬣《たてがみ》を揺すぶり、輪から逃れようとするたびに人間から乱暴に押し返されている。馬が可哀想だ。どう見ても苦しんでいて、もがいていて、しかも取り囲む若者たちの楽しそうな声と、馬の苦しそうな嘶《いなな》きが聞こえてきて、その光景をどう捉えてよいものかわからなくなる。

「調教が終わったらちゃんと愛するんだ」

私たちの不安げな視線を感じ取ったのか、パサンが釈明するように言う。

「観光シーズンになると、お客さんが馬に乗るんだ。ここからキャンジン・ゴンパまでの間とか。だからそれまでに調教しないといけない」

それは村の大切な収入源らしい。

「村の人たちは地震のあとしばらくカトマンズで暮らしてた。一年ぐらい経って谷に戻ったとき、馬はみんな野生化してたんだ。だから、村の人は自分たちの生活を取り戻してから、馬を調教し直さなきゃいけなかった。今そこでやってるのは、そういうことだよ」

残酷で、グロテスクで、目を背けたい。動物愛護団体の誰かが目にしたら卒倒するだろう。しかしここでは全く当たり前の光景で、馬が可哀想だなんていう感情を差し挟む者はいない。ここでは自然と人間が拮抗《きっこう》している。むしろ動物が可哀想だという目線は、自然と人間のバランスが失われた結果生じる。捕えられ、使われ、喰われることと、山の上から落下してくる岩に殺されることとの間に優劣も良し悪しもない。等しい条件の中で、命のやり取りがなされている——と言い切る自信はないが、そう言える余地を感じる。目の眩《くら》むような山々に囲まれた谷の、集落の片隅でなされる調教の様は、人間という存在の弱々しさを象徴しているように見えた。

昨日から、阿部ちゃんの口数が極端に減っていた。沼（肥溜め）に落ちたからだろうか、それとも端的に体調不良ゆえだろうか、と思っていたが、違う可能性に私は気がついた。パサンの登場である。この旅において、阿部ちゃんは案内人だった。彼はその役割を全うすべくたくさんの準備をしてきた。もうすぐその任務が完遂されると思った矢先、過度に優秀な案内人が現れてしまったのである。喜びも感謝も安堵もあるだろう。しかし、自分の役割を奪われた寂しさもきっとあったはずだ。ありがとう阿部ちゃん。この場を借りて感謝したい。バトンはパサンに渡された。

パサンは目につくものを逐一説明してくれる。川の対岸に見えた、小規模な設備は軍の駐屯施設らしい。情勢の不安定なチベット国境に近いこともあり、その警戒にあたっているのに加え、密猟を防ぐ役割を担っているという。

「麝香鹿《ジャコウジカ》を狙ったハンターが来るんだ」

サーベルタイガーと同じような牙を持つ雄の麝香鹿は、雌を惹きつける匂いを分泌する麝香腺を持つ。「ムスクの香り」のムスクとはこの麝香のことで、濃厚で甘く艶のある匂いを発する。香水の原料になるこの部位は高値で取引されるため、ワシントン条約で売買が禁止されているにもかかわらず、密猟者が絶えず狙いに来るという。谷の人間たちは麝香鹿の遺骸を発見すると、外の人間に持ち出されないよう土に埋めるらしい。小型の鹿のような体格で、急斜面を上るため前足が短く後ろ脚が極端に長くなっており、上顎から長い牙が突き出ている、雄の成獣。密猟などしたくはないけれど、一眼見てみたいし、大金を生む麝香の匂いというものを嗅いでみたい。

「これは谷の警察署」

道沿いの比較的大きな——とは言っても都市のそれの二十分の一程度の規模の建物が警察署だという。いったいこんな穏やかな谷に警察など必要なのかと訝《いぶか》ると、選挙の時には喧嘩が起こると教えてくれた。谷には太陽の党と木の党があって、強引な票集めがトラブルの元になるらしい。

石積みの三角錐《すい》について教えてくれたのもパサンだった。それはしばしば道の中心に突然現れた。マニ石というらしい。マニと言えば筒状の仏具で、回した分だけ経文を読んだことになる優れものだが、全く形の異なるこれもまたマニらしい。サイズはまちまちで、腰ほどの高さのものもあれば人の背丈をはるかに超えるものもある。見たところ、不揃いな石をランダムに積んだものから、切り出したブロック状の石を規則正しく積んだものまで作りも様々だが、どうやら「オムマニペメフム（om mani padme hum）」というチベット仏教の真言（マントラ）が石のどこかか、あるいは全ての石に刻まれていることが条件のように見受けられた。進路を塞ぐように現れるマニ石は時計回りに通過することが決まりで、仮に左手が大きく膨らんで遠回りになろうがそちらを歩かなければならない。限界まで疲弊する山歩きの最中に、ルールを守れるだろうかと心配になる。ちなみに、「時計回りは右回り」と記憶していた阿部ちゃんはこれまでどんなに辛くても右手を歩いていたらしい。つまり逆回りだ。パサンが教えてくれてもなお「でも時計回りってどっちもありえるよね？」などとしぶとくマニの幸運にしがみついた。確かに、私たちが常識としている時計回りは天から見下ろした際の方向であって、地中から見上げた際の時計回りの可能性については捨象している。それが正しくないと言われれば、もしかしたらそれはそうかもしれない。阿部ちゃんはいつも私の固定された視座を揺すぶってくれる。曇りなき眼を備えた幼稚園児のようだ。

マニは村を守ってるんだ、とパサンは言った。もしかしたら、ランタン村を囲う一見無意味そうな石積みの塀には、同じ願いがかけられているのかもしれないと思った。

パサンがいなければ、この谷のことをほとんど知ることができなかったはずだ。彼に出会えたことは本当に幸運だった。

「この裏に古い村があるよ」

私たちはランタン村とキャンジン・ゴンパのちょうど中間地点に至っていた。これまで何日間も歩いてきた一本道に、枝毛のような心許《こころもと》ない分かれ道がついている。山側へ伸びるその道は獣道にしか見えず、観光に訪れた者が踏み入ろうとする類のものではない。まだ日暮れまで時間があった。私たちはこの旅で初めて、道を逸れることにした。

木とトタンを組み合わせた、規則性のない柵の間を縫うように道は続いた。それは家畜用の囲いだと想像されたが、中には石やゴミが散乱するばかりで、使われなくなってからしばらく経っていることが窺えた。バラックのような建物の脇を何度か過ぎると、石を積んだ壁が現れた。なるべくブロック状の石を集めはしたけれど不揃いで、薄い石板をミルフィーユのように重ねて隙間を埋めた、といった造り。政治家の屋敷とは比べるまでもない。二階建てだが石の階段が二階部分へ直接続き、そこに入り口が見える。一階の屋根が迫り出したトタンの上に、老夫婦が並んで座り太陽に顔を焦がしている。パサンがネパール語でもない地元の言葉で二人に話しかけると、おじいさんがスローモーションのような速度で腰を上げ、玄関から中へ入った。どうぞ、と振り返るパサンに続き、私たちも腰を屈めて戸口を潜った。暗い室内に目が慣れると、小さな入り口からは想像できない広い内部に驚いた。正方形の部屋の中心には囲炉裏が掘られ、小さな火が焚かれている。壁には大きな仏壇が据えられ、ダライ・ラマの写真が祀られている。一方の壁には大きな窓が並び、強い光が窓の下に落ちている。コーヒーでいい？　とパサンがおじいさんの通訳をしてくれる。私と太賀くんがありがとうございますと頭を下げる横で、タトパニもらえますか？　と阿部ちゃんは申し訳なさそうに希望する。おじいさんはパサンになにかをこそこそと話しかける。するとパサンはイタズラっぽい顔で「真ん中の人はなんでタトパニを欲しがるんだって不思議がってるよ」と言った。タトパニを要求する外国人が初めてだったのかもしれない。阿部ちゃんは一生懸命自分の胃腸の弱さを英語で説明しようとした。

どこかで嗅いだ覚えのある匂いだなと思う。しばらく記憶の箱を探って、じいちゃんばあちゃんの家の匂いだと思い至った。ネパールに来てから自分の祖父母の記憶が掘り起こされることがある。その少し埃っぽい思い出は、私の心にいささか息苦しい穏やかさをもたらした。

来客用の椅子があるわけではないから、私たちは床に腰を下ろした。低い位置から見た床は、今まで私たちが骨を休めてきた民宿のものとは違った。綺麗に掃除はされているけれど、今までみたいに磨き込まれて光り輝くということはなかった。屈まなければ入れない程小さな入り口が象徴するように、ここは来客のための空間ではない。ネパールに来てからは一度もこういう場所に立ち入っていない。その事実が私をいくらか緊張させた。

分厚いガラスで作られたグラスで出されたコーヒーには、金属製の皿に載せられた見慣れない食べ物が添えられている。草鞋《わらじ》のような見てくれの、どっしりとしたプレッツェルのようなそれは、チベットのローカルな菓子だとパサンが説明してくれた。一つ摘み上げる。「重っ」と声が漏れる。間違えて茶色い石を手にしてしまったような驚き。しかしそのまま口へ。カッと鳴って歯が止まる。「危険、危険」と慌て始める脳を押さえ込んで、力一杯顎を締め込む。めりめりとヒビが入る音が微かに聞こえたと思うと、ガゴッと顎を下から蹴り上げられたような衝撃で脳が揺れる。菓子を割り、その勢いで打ち合わさった歯が砕けた、と思ったが、おじいさんが不思議そうにこちらを凝視しているので不安げな素ぶりなど見せるわけにもいかず、構わず咀嚼《そしゃく》を始める。限りなく無味。続いた二人も間違えて木の棒を口に入れてしまったような顔をしている。しかし、しばらくすると唾液の中に味の兆しが染み出してくる。透き通ったプールの中に垂らされた一滴のインクの色を確かめるように、舌に神経を集中する。小麦粉。ようやく小麦粉を感じる。その奥にもう一つ何かがある。

「バター?」

私が聞くと、ヤクのバターだとパサンが教えてくれた。

「小麦粉と卵とヤクのバターで作った生地を揚げて作るんだ」

卵の存在は最後まで感じ取ることができなかった。しかしこの目の覚めるような硬さが嫌いではない。日本でも時折やたらと硬いカリントウに遭遇するが、ざっとその十倍は硬い。重曹もイーストも加えず、ストイックに仕上げられた菓子。一口食べるたび、歯と菓子の勝敗にヒヤヒヤさせられる。これを日常的に食べているおじいさんおばあさんの顎と歯はどんな構造になっているのだろう。太賀くんと阿部ちゃんは早々に食べかけの菓子を手放し、コーヒーとタトパニを手にしていた。

ピンクのニット帽を被ったおじいさんの名前はロプサン。九十歳。彼の父親が木と石で作ったこの家で生まれ育ったという。

「ジャパン?」

ロプサンがなけなしの英語で語りかけてくれる。声を揃えて「ジャパン!」と返すと、私たちを端からゆっくり順に指差して「ワン、トゥー、スリー」と言ったあと、「ジャパン!」ともう一度言って笑った。人に指をさされて嬉しいことは少ないが、これはなんだかとても嬉しかった。

「あなたたちと話をしたいが、英語が喋れないんだ」

ロプサンがチベット語とシェルパ語を混ぜて言う。

「三十年前にも日本人が来た。ランタン・リルンを登頂しに来た登山隊で、当時はホテルなんてなかったからこの近くにキャンプを張ったんだ。私はそこに地酒を売りに行ったもんだよ」

パサンがここまで訳し終わると、ロプサンは再び英語で「ジャパン　ベリー　グッド!」と言った。その登山隊はアタックの最中、雪崩に巻き込まれて全員が亡くなったという。

窓際に座った私たちと向かい合うように、ロプサンとパサンは囲炉裏の脇に腰を下ろした。パサンは胡座《あぐら》をかいたロプサンの膝に手を置き、楽しそうに何かを話している。

「こうやって通訳をしてると、僕も知らなかったことをたくさん聞けるから嬉しいよ」

パサンは言う。

私には知りたいことがあった。まず、これほど険しい自然環境の中に、谷の人々はどうして暮らすようになったのか。そしてあれほどの震災を経てなお、ここで暮らし続けるのはなぜか。それを教えてくれるのはロプサンしかいないと思った。

「この村にはいつから人が住むようになったのでしょう？」

私は訊ねる。

「だいたい四百年前」

ロプサンは答える。

「どうして人々はここに暮らすようになったかは分かりますか？」

パサンはロプサンと何度か言葉を交わしてから、「ランタン村やキャンジン・ゴンパは旅行客がたくさん来るから稼げるけど、ここは道から外れているから稼げないって言ってる」と説明してから、「ごめん、質問がちゃんと伝わらなかったみたい」と弁解した。もちろん謝る必要はない。九十歳のおじいさんと二十一歳の青年が話をするだけでもハードルはあるだろうに、日本人の通訳を担わされているのだから一層容易でないはずだ。

「きっとチベットから逃げてきたんだと思う」と、パサンが代わりに考えを話した。

「僕の父親もチベットから逃げてきた。チベットで動乱が起こって、たくさんのチベット族の人たちが逃げた。半分はインドに、半分はネパールに。僕の父親は、この谷で生まれた母親と、ここで出会って結婚したんだ」

今から六十八年前、チベット動乱が勃発した。チベットの土地に進駐してきた中国政府の統治に反発して、チベット族は蜂起した。三年後、指導者であるダライ・ラマ十四世はチベットから逃れ、インド北部のダラムサラに亡命した。以後も中国政府によるチベット族の弾圧、同化政策は粛々と進行している。ダライ・ラマ十四世は分離独立主義者と位置付けられ、チベット自治区を含む中国国内では彼の写真を飾ることも禁止されている。確かに、ロプサンの祭壇にも、これまで投宿してきた民宿の祭壇にも、概ねダライ・ラマ十四世の肖像が飾られていた。パサンによれば、かつてはキャンジン・ゴンパからさらに一時間歩けばチベットの村に入れたらしい。今は国境が閉ざされていて通過できないが、パサンが生まれるはるか前にはそこを通ることができた。多くのチベット族の人々が、この道を通ってネパールに入ってきたことは想像に難くない。パサンの父親も同様なのだろう。しかし、四百年前となると話は変わる。それはチベットに動乱が起こるよりずっと前だった。とはいえ、四百年も前の話を聞こうというのは酷だ。私もなぜ自分が東京に生まれたのかと問われれば両親がそこで生まれ育ったからとしか答えられず、なぜ両親が東京で生まれ育ったのかなどという話は聞いたことがない。ロプサンの先祖がチベットからやってきたのか、はたまた全く異なる場所からこの谷に辿り着き、なんらかの形でチベット仏教を信仰するに至ったのか、それはもはや不明である。「この彫刻を見てくれ」とロプサンは天井に渡された太い梁《はり》を示す。焦茶の木肌に黒々とした微細な模様が刻み込まれている。「これは私の父親が彫ったものなんだ」と誇らしげだ。

震災の被害は小さかったのかと訊ねると、そうではなかった。雪崩や崖崩れの直撃は免れたが建物自体は激しく損傷し、その後建て直しに近い修復が必要だったらしい。しかし、装飾が施されたこの梁を始めダメージの少なかった部材は再利用されたのだろう。

「昔は野菜を育てるだけじゃなくて、ヤクとナクを飼ってチーズを作ったり、羊を飼って羊毛を売ったりもしてた。羊は四十頭も飼っていて、色んなところに連れて行って草を食べさせてた」

ロプサンは堰を切ったように話し始める。

「だけど、震災で私たちがカトマンズに避難している間に羊はみんな死んだ。ユキヒョウに喰われた。馬たちは強いから生き残った」

私たちは静かに耳を澄ませる。

「この村の住人は六人か七人しかいない。若者は一人も」

「地震は恐ろしいですか？」

「とても怖い。二人いた息子はどちらもランタン村に行っていたから、雪崩に巻き込まれて死んだ」

沈黙。しかし、訊く。

「それでもどうしてここに暮らし続けるんですか？」

パサンは少し考えてから、言葉を選んで翻訳する。そしてロプサンは答える。

「ここから出て行ったって、他に住むところなんてないんだ」

住むところなんてない、というのが具体的に何を意味するのかはわからない。震災後、政府は谷の住民を都市部に住まわせようと試みたとパサンは教えてくれた。住む場所を提供し、新しい生活基盤を作るのに必要な支援の提案もあった。しかし、ほとんどの村人はその要請を受け入れず、谷に戻って村の再建に取り組んだ。だから、ロプサンが言っているのは、生存を目的とした住環境が他にない、という意味ではないのかもしれなかった。「この谷の人間はカトマンズに行っても、髪の毛を切らないんだ」とパサンが付け加える。カトマンズは自分たちの土地ではないから、そこに体の一部を置いてくるわけにはいかない、と。

「私は最期の瞬間までここに暮らすよ」

ロプサンは言った。窓の外には眩しいほど白いヒマラヤの峰々が左右いっぱいに広がっている。繰り返すようだけれど、現実離れした美しさだ。恐ろしさと美しさの関係について考える。絶対に敵わない、という確固たる諦観をもたらすものに、私たちは美しさを見て取るのだろうか。山中で熊と対峙した時の、あの感覚。足が竦《すく》んで、逃げ出したいのに引き寄せられるような、妙な気持ち。この山々は、少しの気まぐれで村を消し去ることができる。だからここに暮らし続ける、というような、私からすれば倒錯とも取れる因果がここでは成立しているのだろうか。

私たちが席を立ったとき、阿部ちゃんが「ロプサンにいくら渡したらいいかな?」とパサンに尋ねた。パサンは弱ったように眉を寄せて「わからない」と答えた。行動食の中からめぼしい日本の菓子を渡すことも考えたが、食生活や宗教の違いから口にできないものもある。原材料表示をひとつひとつ確認するのも野暮だし、それで食べられないものが含まれていたら無用な落胆を招くだけだ。

「パサン、こんなふうにもてなしてもらって、たくさん話を聞かせてもらったんだから、どうしてもお礼をしたいんだ。でもできることはお金を渡すことしかない。だからそうしたいと思っているんだけど、いいかな?」

パサンはロプサンの顔を見て少し考えてから、「気持ちの分だけ置いていけばいいんじゃないかな?」と言った。私たちは全く相場もわからなくて、もしかしたらケチだと思われても否定できない三百ルピー(三百六十円)をロプサンに渡そうとした。「いらないいいらない」と彼は押し返したが、私たちは引き方もまた知らないから、いやそれでも渡したいんだと押し付けるように握らせた。

「じゃあ、次はいつ来るんだ?」とロプサンが百ルピー札三枚を手に言う。

「次来たときには、牛のミルクを飲ませてあげるから」

BOOK
Black tea
Apple Pie
Black cafe
Your'e good
by heart,
Hope to
moot you again
Bye!
go to Langtang 1 hour

13

「ここまで来られて良かったなあ」

太賀くんはロプサンの話を聞けたことがとても嬉しかったようだ。

「何にも替え難い経験だなあ」

家を辞してからというもの、噛み締めるようにぶつぶつと言っている。一方で私は、相変わらず心の中に生じた蟠《わだかま》りに囚われていた。三百ルピー。金額の多寡もさることながら、そもそも金を置いていくことが正しかったのか、私は自信が持てなかった。たとえば外国人の旅行客が私の家を訪ねてきたとする。私はコーヒーと菓子でもてなし、自分のルーツや暮らしについて話をする。観光客は去り際、金を差し出してくる——そのとき私は、嬉しいと思うだろうか。いや、私は金のためにもてなしたのではない、そう思ってしまう気がする。それは自分が生活に困窮していないからだろうか。その日の食事にも事欠くようであれば、差し出された紙幣に純粋な喜びを感じることができるのだろうか。それとも、そんな状況でさえ、善意が踏み躙《にじ》られたような気持ちになるだろうか——わからない。あるいは金を差し出すか否かよりも、金額や渡し方にこそ気を配るべきかもしれない。その金額があまりに小さければ、自分の善意はそんな端金《はしたがね》ほどの価値しかなかったのかと心が痛んでしまうかもしれない。ではやはり物を渡すべきなのか。適当な物とはなんだろうか。

万人が貰って嬉しいものなんてこの世に存在するのだろうか。

「あ！　ちょっとそこで止まって！」

後ろで阿部ちゃんが声を上げる。「パサン！　ちょっとそこで止まって」私は先頭のパサンに声をかける。振り返ると、阿部ちゃんが中腰になってカメラを構えている。カシャンと機械式シャッターの降りる音が響く。ああ、写真がいいかも、と思う。写真家が写真を撮って、それをプリントして、できれば額装して、いつかプレゼントすることができれば、それはきっと素敵な贈り物になるだろう。写真は旅に向いている。

「ユキヒョウは見れないのかな？」

前を歩くパサンに聞くと、ノーと首を振る。

「ユキヒョウは標高６０００ｍ以上のところに暮らしてる。降りてくるのは年に一回、狩りのときだけだよ」

なんて賢い青年だろうと感心してしまう。動物のことに限らない。谷のことをよく知っていて、英語も堪能で、人の知りたいことを的確に汲み取って無駄なく説明してくれる。パサンはまだ小学生のとき、両親が運営する宿を訪れたイタリア人男性と出会った。その男性はパサンの援助を申し出た。それから高校卒業まで、パサンは男性の経済支援のもとカトマンズで学んだ。彼の流暢な英語の理由はそこにある。彼はこの谷よりもカトマンズで過ごした時間のほうがはるかに長い。カトマンズで暮らしたいとは思わないのか？　と聞いたとき、カトマンズには希望がない、と彼は答えた。

「あそこではみんな金のことしか考えていない。谷には谷の、カトマンズにはカトマンズのリスクがあるんだよ」

カトマンズは雪崩によって消滅させられることはないけれど、都市には都市に特有の危険がある。カトマンズにいたらみんなだらしなくなるんだ、と彼は言った。

「この電線のことはどう思ってるの？」

私たちの頭上をまっすぐに走る黒い線を指して彼に聞いた。阿部ちゃんは今回初めてこの電線を目にしたと言っているから、敷設されたのは最近のことだ。

「好きだよ、これ」

少しだけ迷って、パサンはそう答える。

「これのおかげで谷の生活はずっと良くなった。これが来る前、夜は真っ暗だったから」

「カトマンズにいるとだらしなくなるって言ってたけど、谷の暮らしもどんどん便利になって、村人がだらしなくなっちゃうことはないのかな？」

そう訊くと、彼は少し考えてから、「僕たちの文化では、男に責任があるんだ」と言う。

「カトマンズと同じような環境になったとしても、僕はだらしなくはならない。谷の男にはやらなきゃならないことがたくさんあるんだ」

パサンの言葉に熱が籠る。

「街に出た友達が、バイクを買っていろんなところに出掛けていくのを見て、ああ、僕も欲しいなって思う時もある。だけど、自分はそうしちゃいけないって自分に言い聞かせてる。彼らは村が今どうなっているのか分かってないんだ。自分たちの家族がどういう状態に置かれているのか理解してない。両親は毎日冷たい水で皿を洗って、洗濯をして、大変な暮らしをしてる。その子どもが街で酒を飲んで酔っ払ったり喧嘩をしたりしてちゃいけないんだ。どうしてもそういうことがしたいなら自分で稼いだ金でしろって言うんだけど、うるせえ黙ってろって言われるよ」

パサンは諦めたように笑う。

「この谷の人は、貧しいのにお金持ちのふりをしたりするんだ。僕の目標は、自分で生計を立てること。そのためにまずは宿を作って、それからベーカリーを作って、トレッキングガイドの会社を作る。宿を作るって言っても、みんながやってるゲストハウスとは違うよ。僕が作りたいのはリゾート。大きなゲートがあって、その先に宿泊用のテントが六個か七個。あとはダイニングのテントを作る。夜はみんなでキャンプファイヤーを囲む。大きな建物を建てるより全然お金もかからない。作るならタンシャップかな。この辺りは風が強すぎる」

みんなと同じことをやっても仕方ないから、とパサンは自分のビジョンを誇らしげに開陳する。確かに、彼ならできるのではないかという気がする。アイディアはたくさんあるんだ、とパサンは止まらない。

「この山の中ではなんでもお金に換えられる。水だってお金になる。あそこに大きな岩があるでしょう？　あそこでロッククライミングをできるようにすればそれもお金になる。みんな冒険が好きだからね」

若くして谷の外の世界を見てきたこの若者は、この谷の未来を変えるに違いない。言わずもがな、その変化が万人にとって好ましいものではない可能性もある。

「来年にはリゾートを作り始めようと思ってるんだ」

一回りも長く人生をやってきている身からすれば、パサンがこれから経験するであろう苦労が容易に想像できる。存続のために革新を試みる者と、変化そのものを拒絶する者。そこに生じる逃れようのない摩擦。けれど、ロプサンの膝にそっと手を置くパサンの姿を思い起こせば、それも杞憂《きゆう》かもしれないと思えた。


ゴールはすぐそこだった。自分の生まれ故郷に近づくにつれ、パサンはさらに饒舌《じょうぜつ》になっていった。むしろその奔放さこそ、年相応な振る舞いだと言えた。

「最悪なのは、谷の女の子が、ここに来る外国人の男について行っちゃうことだよ」

ただでさえほんの一握りしかいない村の若い女性が、余所者に連れて行かれることには忸怩《じくじ》たる思いがあるだろう。「でも僕はカトマンズではめちゃくちゃモテるんだ」パサンは秘密を打ち明けるように小声で囁いた。

「IDを三つ使い分けて、たくさんの女の子と知り合ったよ」

「わお、それはすごいね」

「可愛いチベットの女の子《チベタンガール》がたくさん集まる学校があって、そこに行って口笛を吹くと、女の子が僕に気づくんだ」

「なんてプレイボーイなんだい君は！」

若いうちにはそんなことも言いたくなるのかもしれない。

パサンは先を歩いていた腰の曲がったおばあさんに追いつくと、一言声をかけて彼女の荷物をひょいと預かり、また歩き出した。

「セレーナ・ゴメスみたいにキスしたくなる唇で、ナクより大きい尻の女がいてさ——」

彼を止めることはもうできなかった。その後しばらく、ここに書くのも憚られる、谷には到底相応しくないどぎつい下ネタが次々に繰り出された。太賀くんはパサンの話にゲラゲラ腹を抱えていたが、阿部ちゃんの口角はぴくりとも上がらない。あ、そうかと思い至った。阿部ちゃんはエロ担当でもあった。自らの失敗談を主とするスケベ小話で場を和ませ、笑いを作っていたのは阿部ちゃんだった。阿部ちゃんは谷の案内係だけでなく、エロ係さえもポッと出の二十一歳に奪われてしまったのだ。だけどありがとう阿部ちゃん。私たちは「阿部千手観音伝説」も「千人斬りの阿部伝説」も忘れることはないだろう。

一触即発の人間関係をどうにか維持しながら、私たちは歩き続けた。一歩進むごとに風は強さを増し、谷の風景は濃さを増していった。日の光の届かない、霧が流れる谷の斜面で数十頭のヤクが現れた。羊たちと違い、ヤクは群れても体を寄せることはしない。それぞれがそれぞれの空間を堅持して、均等に散っている。吹き荒《すさ》ぶ風にぴくりとも動かず、顎や腹の下に垂れ下がる長くごわついた毛だけが、激しく風に押し流されていた。その群れの中に、白い馬が一頭、静かに周囲を睥睨《へいげい》している。その黒々とした目は、遠くからでも涙に潤んでいるのがわかった。鬣を風に靡《なび》かせ、ゆっくりと首を振ってヤクたちを見守っている美しい白馬が何を思っているのか、私には露ほども想像できない。ともすれば会話さえできてしまいそうな知性を滲ませる佇《たたず》まいのせいで、何を考えているんですかと問いかけてみたくなる。いや、もしかしたら私たちが知性と呼ぶ概念で捉えられる限界の先に、言葉さえ必要としない世界があるのかもしれない。そう思うと余計にその目の奥の考えを知りたくなる。

「白いヤクが一番高い」とパサンが解説する。「黒いヤクは安くて、混ざっているのは中くらい」。どうして色によって値段が変わるのか、私にはよくわからない。「馬だと、黒い体で顔が白いのが一番高いんだ」ということは、全身が白いこの馬は少し値段が落ちるということだろうか。いよいよ私には、値段というものの意味がわからなくなる。

道の脇に、平たい岩がいくつか埋まっている横で、「僕たちの文化の話をしていい？」

とパサンが立ち止まった。

「ここでは前まで鳥葬《ちょうそう》をしてたんだ」

鳥による葬いと書いて、鳥葬。火葬でも土葬でも、水葬でもない。人間の遺体を鳥に食わせることで供養する、チベット圏の文化だ。

「おじいちゃんの時代までは鳥葬をしてた。死んだ人をぶつ切りにして、この岩の上に置いておくと鳥が食べに来るんだ。埋めたら土に還るだけだけど、鳥にあげれば鳥が喜ぶでしょう」

「今はもうしなくなったんだ？」

「そう、今は誰かが死ねば、洞窟の中に入れる。そうすると虫が食べてくれる」

それは洞窟葬、あるいは虫葬と呼ぶのだろうか。

「なんで鳥葬はやらなくなったのかな？」

そう聞くと、パサンはしばらく考えてから「時間が経ったからじゃないかな？」と言う。

「昔は人の体を切るのも平気だったんだろうけど、今は怖がってみんなできないから」

パサンは鳥葬がなくなった理由をそのように説明した。もしかしたら気候条件の変化も関わっているのではと私は思った。鳥葬が生まれた背景には、ヒマラヤの厳しい自然環境があると言われている。薪にする樹木がないから火葬はできず、遺体を分解してくれる微生物がいないから土葬ができない。水葬するには上流すぎて、生活用水を汚染する可能性がある。だから鳥葬が生まれた。とするならば、洞窟葬あるいは虫葬は、氷河が溶けて氷河湖が生まれたように、地球が暖かくなったことによって可能になった弔いの方法かもしれない。

「小さい頃、この岩に座って怒られたことがあるんだ。そこは遺体を置く場所だって」

パサンはぽりぽりと頭を掻いてはにかむ。エロ話と弔いの話とが同時に、同じトーンで語られる状況に、私は納得感のような妙な感情を覚えていた。性（生）と死が平等に語られることのリアリティが、この谷には満ちている。そんな気がした。

そうして私たちは日暮れ前、ランタン谷最奥の集落、キャンジン・ゴンパに辿り着いた。

14

その集落は、巨大な四つの谷の合流地点にあった。私たちが歩いてきたのは、ランタン国立公園最高峰ランタン・リルン（標高７２３４ｍ）の頂上から西へ伸びる長い尾根の、南側に切れ落ちた谷だった。ランタン・リルン真南に位置するランタン村を経て、私たちはランタン・リルンから東へ伸びる尾根の南側を歩き、その尾根の終着点であるキャンジン・ゴンパに到達した。そこは当然、ランタン・リルンの北側を走っていた谷の終着点でもあった。さらに、北東にはキャンジン・リーとツェルコ・リーが聳え、その間に切れ込んだ谷もまた、この集落に向かって降りてきている。そうしてできた深く複雑な谷の、キャンジン・リーの南の裾野にできた小さな肩に張り付くように、キャンジン・ゴンパはあった。周囲を見上げれば、５０００から７０００ｍ級の純白の峰々が青い空を突き、集落の突端から見下ろせば、緑色と茶色の山肌のさらに下方、路肩の残雪のように黒色を被った氷河が谷底いっぱいに広がっている。

集落は小さく、密集していて、色彩に溢れていた。

黄緑紫桃水色。どの建物も隣と発色を競うように、鮮やかにペイントされている。そんな色とりどりの建物が、全く無秩序にそっぽを向いて立っていた。クレパスのセットを与えられた幼稚園児が描き殴った街が、灰色の巨大な谷に突如具象化されたような光景だ。

パサンの生家は四階建ての立派なゲストハウスだった。『ホテル・スーパービュー』という名の理由は、客室に通されてすぐにわかった。まるで部屋が建物から飛び出しているようなのだ。ベッドが二つ並んだだけの部屋ではあるけれど、その三方をぐるりと窓に囲われている。そしてその全ての窓が、雪に覆われた山肌が夕焼けに赤く染まる峰々を臨み、西側には強烈な高さを誇るランタン・リルンと、その東壁からへばりつくように垂れて広がるネパール最大の氷河、リルン氷河を見ることができた。どういう仕組みでこの構造が実現できているのか、私には理解できない。たまたま私の通された部屋が特別だったのかもしれなかった。

「Come as a guest, go as a family.（お客さんとして来たら、家族になって帰ってね）」とパサンは言い残し、家族のもとへ走っていった。

「ＭＤＤだ」太賀くんがポツリと呟く。

どういう意味かと尋ねると、「マジ（Maji）・出会い（Deai）・だな（Dana）です」と答えた。すごく面白いな、と私は思った。

しばらく前から体力の限界を迎えていた阿部ちゃんは、ゲストハウスに着くなりベッドに倒れ込んだ。太賀くんと私は四階の食堂へ上がり、彼はタトパニを、私はシーバックソーンジュースを飲んで到着の悦びに疲れた体を浸した。今にも山陰に隠れてしまいそうな太陽が、橙色の光を窓から横向きに差し込んでくる。これが遮られれば、部屋は直ちに冷え込むだろう。

私たちは、道中で撮ったフリースタイルラップバトルの映像を見返した。パサンは谷で初めてのラッパーで、カトマンズではストリートのラップバトルに参加しては、谷のことをレップ（代表、代弁）していたという。一方の仲野太賀は言わずと知れたヒップホップ系の役者でもあり、休みの日には日がな一日YouTubeでMC battleを見漁るほどの洗練されたヘッズで、マイクを持たせたら右に出る者はいないと言われている。「俺は日本のエニネム（原文ママ。エミネムの誤り）って呼ばれてるんだぜ」と声高らかにフレックスしてくることもしばしばである。

先攻はＭＣパサン、後攻はＭＣタイガー（仲野太賀）。パサンお気に入りのビートが回り始める。

〔パサン〕
I got a lot of problems but I still hold on.
（問題は山積みだが、全てこなしてく）
Marunu sogdino cos I'm grown up.
（子どもじゃないから、耐えられる）
Nobody knows my pain.
（誰も俺の痛みを知らない）
Nobody knows my gain.
（誰も俺の得たものを知らない）
Nobody knows my chance.
（誰も俺のチャンスを知らない）
Everyday I'm hustling to get this frame.
（俺は日々、目標を手にするために稼ぐんだ）

〔タイガー（仲野太賀）〕
俺の出番だ
ジェロム・レバンナ
俺の名は太賀
目に見える山
すごく高い高い
目に見える山　すごく高い高い
目に見える山　すごく高い高い

体を上下に揺らし、リズムに合わせて手を交互に前方へ突き出す自分の映像を見て、太賀くんは実に満足げだ。顎に指先を滑らせ、しばらく改善点を探ったものの目ぼしい箇所はなかったようで「俺が勝ってるな」と勝利を宣言した。

「もう限界、完全に風邪」と言いながら、脂汗を滴らせた阿部ちゃんが食堂へ上がって来た。日は暮れて、もう夕食の時間だ。私と太賀くんはダルバートを、阿部ちゃんはエッグスープを頼んだ。

旅はいよいよ終わりに近づいていた。明日はキャンジン・リー（標高４７７３ｍ）に登り、明後日迎えに来るヘリコプターでカトマンズまで一足飛びに戻る。阿部ちゃんは本格的に動けなくなった。太賀くんはずっと変わらず元気丸出しで、底知れぬタフさを思い知らせてくる。

食堂の三方は大きな窓に囲まれて、そのどれからも月に照らされた青白い山肌がぼんやり浮き上がって見える。薪ストーブの周りではオーストリアから来た女性と、ドイツから来た男性と、ネパールからきた登山客らが車座になって話し込んでいる。私たちは窓際の席で、彼らの楽しそうな笑い声をBGMに取り止めのない話をしている。昨日の夢に吉岡里帆が出て来たとか、一昨日の夢にも吉岡里帆が出て来たとか、そんなことばかり言っていて、下北のおでん屋さんで酒を飲んでいるのと全然変わらない。どこに行っても普段の暮らしと同じことをする、という阿部ちゃんの旅のスタイルをいつの間にか実行している。だんだんと旅とそうでないものとの境界線が曖昧になっていく。家の最寄りの駅から電車に乗ることだって旅と言えば旅だし、むしろ家に誰かを招くことだって誰かにとっての旅の場所が自分の暮らしに入って来ているという意味では旅だし、そもそも人生とは旅かも知れないし、などと妙にエモいことを考えたりもする。ダルバートとエッグスープがやってくると、阿部ちゃんはいつも通り私のダルバートにいきなりスプーンを突っ込み、野菜の炒め物を丸ごと全て掬って口に含む。まず自分のを食べろよ、だなんてもう言わない。恬然《てんぜん》として恥じ入る様子もない。これが阿部ちゃんのスタイルなのだ。すると阿部ちゃんが跳ね上がるように暴れ始め、熱々のタトパニをごくごく飲み干した。

「喉がはち切れそう！」

目尻が裂けそうなほど目をかっ開き、鼻の頭に玉汗を躍らせてシューシュー言っている。アチャールの辛い汁が、野菜炒めに浸透していたのだろう。阿部ちゃんのグラスに水を注いであげながらも、バチが当たったのだろうと溜飲を下げている意地悪な自分がいる。

腹を満たした阿部ちゃんは這い転げるように食堂を去り、太賀くんと私は晩酌を始めた。驚くべきことに、キャンジン・ゴンパには銀行の支店があるらしく、残金を気にせずビールを飲むことが許された。

「阿部ちゃんともう長い付き合いになりますけど、こんなに面白い人間だとは全く知りませんでした」

太賀くんがほくそ笑みながら話し始める。

「だって、『俺、写真持ってるから』って言ったときのあの顔見ました？」

そう言い終わるや否や耐えきれず体を捩《よじ》って笑い転げる。私の脳裏にもあのときの阿部ちゃんの表情が蘇ってきて、我慢できずに吹き出した。それはつい数十分前のことだった。

私たちは明日の動きについて話し合っていた。

「でも阿部ちゃんどうする？　キャンジン・リー登れそう？」

私が阿部ちゃんの体調を慮《おもんぱか》ってそう聞いたとき、彼はなぜか目を炯々《けいけい》と光らせてこう言ったのだ。

「別に登らなくていいんだよね。俺、写真持ってるから」

阿部ちゃんはかつて一度、キャンジン・リーに登ったことがあるらしい。そのときに撮った写真があるから、わざわざ改めて登る必要もない、ということらしかった。太賀くんと私はやはり顔を見合わせ、そういうことだっけ？　と空中で認識を擦り合わせた――そういうことじゃないよね？　旅って。うん、そういうことじゃないと思う、旅は――この遁辞《とんじ》の不可思議な点を上げればキリがないが、それより恐ろしかったのはそのときの阿部ちゃんの表情だったのだ。意味不明だった。目を光らせていたことは既にお伝えした通りだが、攻撃的に眉を寄せ、顎を引いて眼鏡の隙間から睨み上げるように私たちを見ていたのである。そして発せられる「俺、写真持ってるから」の異常性たるや蓋《け》し怪物の所業と言って差し支えないだろう。であるから、それを思い出して笑い転げたのも無理からぬことだった。

瞬く間に一本目のゴルカビールは空になり、滞りなく二本目のプルタブを引き上げる。標高が高いせいでガスは勢いよく噴き出すし、酔いも信じられない速度で回る。そのうえ阿部ちゃんについての話は尽きる気配がない。

「激しい。嬉しい辛い悲しい楽しいが激しい」「さおりんごはどうやって付き合ってるんだろう」「さおりんごが名捕手だとしか考えられない」「見ててヒヤヒヤする」「大人になったらって言ってた」「丘の上に登って、太陽に照らされながら写真撮ってるとき、ほとんどヤクだった」「誰にもコントロールできないし、多分自分でもコントロールできてない」「嘘下手なのに、頻繁に小さい嘘をつく」「人に尽くすことが大好きなのに、自分だけ得することにも余念がない」——そして私たちが最終的に到達した評価は、「逆に信用できる」だった。

15

夜明け前に目が覚めた、谷の最終日。枕元の凍った飲み水が、部屋が氷点下まで冷え込んだことを示している。顔がパリパリと軋む。しばらくベッドの上で寝袋と布団に包《くる》まったまま、薄暗い天井を見つめる。今日、キャンジン・リーを登り、もう一晩寝たらこの谷を去るのかと思うと独特な感傷が心をチクチクと刺すようだ。またいつかここに来ることはあるだろうか。阿部ちゃんはきっとどこかのタイミングでやって来るだろう。定点観測の男だ。私も素晴らしい場所に巡り合うたび、いつかまたここに来たい、と思うものだ。しかし、同じ場所を二度訪れることはこれまでほとんどなかった。いつだってすぐに新たな場所を求めてしまう。限られた人生の中で、可能であればたくさんの場所や人と出会いたいと思うから。だから、ここへはもう来ないかもしれない。体を起こすと、顔に部屋の冷たい空気がぶつかる。耳の感覚がない。窓の外をぐるりと囲む白い山々が、どこかで顔を出し始めた太陽の光を受けて黄色く色づき始めている。

暖かい場所はないかと食堂へ上がったもののひと気はなく、鉄製の薪ストーブを触ると痛いほど冷たくなっていた。部屋に戻る気にもなれず、隅の椅子で地蔵のように座っていると、ギーッと扉の開く音と、床を踏むゆっくりとした足音が静寂の中に聞こえる。窓から差し込む薄明かりの中、パサンの父親の姿が現れる。手に小さな器を持ち、中の液体をこぼさないようにゆっくりと運んでいるようだ。部屋の端の立派な仏壇まで行くと、その器をゆっくりと供え、線香に火をつけ、オム・マニ・ペメ・フムと唱えて、部屋を出ていった。部屋に線香の匂いが立ち込めると、またしてもじいちゃんばあちゃんの家を思い出した。この仏壇で祀られているのはダライ・ラマ十四世で、じいちゃんばあちゃんの家で祀られていたのが何者か、私は知らないままだった。

「グッドモーニング！」

パサンは朝から元気だった。「屋上はもう見た？」という彼の誘いに応じて食堂を出た。屋上の扉を開くと猛烈な冷気が頬を掠《かす》めた。部屋に戻ろうか、と思った直後、まだ低い太陽の光がちょうど屋上に届き始めた。誰かの手のひらで頬を包み込まれるように、じんわりとした熱が伝わってくる。陽光を貧乏人のダウンと呼ぶらしいけれど、確かに何かに例えたくなるくらい、実体を感じる暖かさだ。「冬は水が凍って水力発電が使えないから、ソーラーだけなんだ」パサンは足元の大きなソーラーパネルを示す。

ちょっと寒いね、と互いに肩を窄める仕草をすると、キッチンがあったかいよと彼は白い歯を見せた。

一歩踏み入って驚いた。調理用の竈の周りの限られたスペースに、老若男女が肩を寄せ合って座っている。私の姿を見ると、男性が「君はモンク（僧侶）かい？　髪の毛がないから！」と笑った。長椅子に座っていた人たちがずるずると尻をずらして、一人分のスペースを空けてくれる。皆パサンの親族らしい。私は体を滑り込ませてその隙間に座る。薪が爆《は》ぜる音に混じって、囁くような鼻歌が聞こえてきた。それがどこから来ているのだろうとあたりに目を向けると「母さんはシンガーなんだ」とパサンが言って、部屋を出たり入ったりしていた彼の母親が恥ずかしそうに笑った。

「そうだ、チベタンソングとダンスを見せてあげようよ」

パサンが立ち上がると、母親はよし来たと言わんばかりに民族衣装のスカートをたくし上げ、私の前に立ちはだかった。

「母さんはシンガーで、父さんはダンサーなんだ」

座っていた父親を半ば無理やり立たせ、パサンが母親と三人で肩を組んで準備が完了した。「ちゃんと撮影しててよ」と母親が私に言って、歌が始まった。

ラーラーアカーワルールールー

ラーラーアカーワルールールー
ラーアーアームーラールー
ルーウーラーアールーラアアー

肩を組んだ三人がリズムに合わせて前に三歩、後ろに三歩とステップを踏む。穏やかなテンポと、少ない数の音の組み合わせ。床を踏む靴の音と、リズムと関係なく弾ける竈の中の薪の音。はーっはっはっは！　母親の笑い声で歌は終わった。私は歌と踊りのプレゼントに感謝し、ＳＮＳに上げるねと約束して、ついでにアップルモモを注文してから食堂へ戻った。

「汗だくで寝てた！」

少し顔色の良くなった阿部ちゃんは扉を開けるや否やそう話し出し、どしんと私の正面に腰掛けた。

「暑すぎてパンツ一丁で寝てた実際。回復しつつあるけどやっぱり今日は登れないかな」

阿部ちゃんがそう話している間に私のアップルモモがやって来た。阿部ちゃんはそれを見るなり「俺、部屋で日本から持って来たアルファ米食べて来た」と言いながら、なぜか私のアップルモモを手に掴み半分を口に入れて咀嚼を始め、特に何も言わずに半分を皿に戻し、携帯電話の画面に集中した。私は、私が注文して、阿部ちゃんが半分残して、中のソースが皿にこぼれ始めたアップルモモを食べた。もちろん、それは私の今日の一口目の食事だ。細かく刻んだリンゴの酸味が、妙に舌を刺すようだった。

太賀くんは真っ白い顔で現れた。頭が痛すぎてなかなかベッドから起き上がれなかったらしい。

「二日酔いじゃなくて高山病だわこれ」と言うけれど、酒が高山病を悪化させたのは多分間違いなかった。しかし、太賀くんはキャンジン・リーに登ることを諦めはしなかった。

「どうやって登るの？」

登ったことがあるという阿部ちゃんに聞くと、超簡単、と彼は答えた。タルチョが小さくはためく頂上を指差し、あそこまで二時間半登って、一時間半で降りるだけ、と言う。自分が登らないからそう言っているのではないか、と私は勘ぐる。自分も登る状況だったら、結構きついよ、などと言うのではないだろうか。すでに私はそのくらい、阿部ちゃんの言葉を疑っている。

十二時十五分。空にミルクの幕を一枚かけたような、淡い曇天。太賀くんと私はサコッシュに水筒とわずかな菓子類だけを放り込み、ゲストハウスを発った。

村の出入り口には若い男たちが屯《たむろ》していた。彼らは私たちが村に到着したときも、同じようにここにいた。まるで出入りを監視しているようだが、実際はきっと目的などないのだろう。村の北側は、キャンジン・リーの麓に接していた。見上げれば５００ｍほど上方に、タルチョがはためく突端がある。あれが頂上だ。真っ直ぐに登れば簡単に到着できそうなものだが、きつい傾斜でそれは叶わない。すでに植物もほとんど生えなくなった灰茶色の山肌に、葛折の微かな踏み跡が確認できる。

「あそこまでで二時間半もかかるのか」

私がそうぼやくと、太賀くんが「四十五分くらいで行っちゃいます？」と煽《あお》ってくる。

「スポーツキャンジン・リー、やっちゃいます？」

私は四つも下の若造にけしかけられて黙っていられるほど大人ではない。

「じゃあ、勝負しようか」

「いいっすね。よーいどんで行きますか」

ここまでついて来てくれていた阿部ちゃんが、スタートの合図を請け負う。

「よーい、スタート！」

私たちは勢いよく歩き始める。走りはしない。あくまで登山だ。トレイルランニングのつもりはない。先頭を取ったのは私だった。ジグザグのトレイルをずんずん進んでいく。

しかし一分か二分で強烈な息苦しさを感じる。当たり前だ。４０００m付近で運動をしたことなどないのだ。それでも背後に太賀くんの迫る気配を感じて、歩度を緩めるわけにはいかない。私は死に物狂いで標高を稼いでいく。

「思ってたのと全然違う！」

息も絶え絶えに太賀くんが叫ぶ。私もすでに、頭が割れるほど痛み始めていた。

「もうやめよう。もう争いはやめよう」

私はそう言って、立ち止まった。太賀くんも早足をやめ、ゆっくり私のいる場所まで上がってくる。「でも、もう間もなくじゃないすか?」行先を見上げて言いながら、私の傍を通り過ぎて少しだけ先で立ち止まる。

「ゆっくりゆっくり行こう」私がそう言うと、太賀くんは頷いて歩き始めた——と思ったのだが、太賀くんの足の運びが少しずつ早まっていく。そして気づけば走り出し、私との距離をどんどん離していった。凄まじい競争心だ。私が携帯しているトランシーバーに、阿部ちゃんからの声が届く。

「下からの画が最高でーす」

上で熾烈《しれつ》な争いが繰り広げられていることなど知る由もないだろう。安物のトランシーバーを通して、ざらざらとした能天気な声が断続的に聞こえてくる。全然必要のない通信だなと心底思った。このトランシーバーは、私の反対を押し切って、阿部ちゃんが強引に山中に持ち込んだものだ。カトマンズで荷物の整理をしているとき、阿部ちゃんはトランシーバーが絶対に必要だと訴えた。対して私は、絶対に不要だと言った。確かに、携帯電話の電波が届かない山中でトランシーバーは有用かもしれない。しかし、三人がバラバラに行動する機会はほとんどないし、仮にその場合でも遠隔で会話が必要になるような事態は想像しづらい。にもかかわらず、電池を含めた二つで一組のセットは重すぎた。私も山歩きを始めたとき、トランシーバーを携帯したことがあった。しかし、その重量に見合う利便性はないことをすぐに知り、二度と山へ持ち込むことはなかったのだ。「あったらいいかも」をどれだけ削っていけるかが旅における腕の見せ所であるわけで、私はそのような話を滔々《とうとう》としたにもかかわらず、阿部ちゃんはどうしても譲らずここまで持って来たのである。そして「下からの画が最高でーす」と言っているのだ。不要だ。全くもって不要だと確信を強めながら、手元のトランシーバーを睨みつけた。

風は強く、傾斜は驚くほど急で、足元は極めて不安定だった。振り返ると街を直上から見下ろしていて、建物の青いトタン屋根だけが見えている。踏み跡は靴一足分の幅しかなく、足を滑らせれば数百メートル下まで体を止めてくれるものはない。「もうどこにいるのか見えませーん」という阿部ちゃんの電子的な声が聞こえて、苛立ちが募る。太賀くんと私は既にふざけていられる状態ではないことに当然ながら気づいており、足早になることも無駄な言葉を交わすこともなく、粛々と足を運ぶことに集中した。

状況は予想以上に悪くなっていった。踏み跡は段々と右へ逸れ、頂上から遠ざかっていった。やがてはためいていたタルチョは見えなくなり、私たちはキャンジン・リーの東側の谷に迷い込んだ。標高はしばらく前から４０００ｍを超えている。ダウンジャケットを着込み、立ち止まることもなく歩き続けているのに体の芯が冷えている。金属製の音声レコーダーの冷たさが、グローブを通して手のひらに伝わる。「本当にこっちであってますかねえ？」太賀くんが不安そうに問いかけてくるが、私にも自信はなかった。目視出来ていた頂上まで上がるだけだと思っていたから、出発前に地図を見ることもしていない。村からは５００ｍ前後しか標高を上げないと聞いていたから、油断していた。どんな山でも舐めてかかったら痛い目を見る。そんなことは重々承知しているつもりだったが、最終日の安心感で判断を誤った。サコッシュの中には食べ残しの菓子程度しかなく、遭難だけは避けなければならなかった。責任の重さが私の肩にどすんとのしかかるのを感じる。太賀くんと私の二人であれば、あらゆる責任は私にある。しかし、踏み跡はまだ確認できた。引き返す判断をしたとしても、これを辿れば村まで戻れるのは間違いない。頭上をトンビのような鳥がゆっくり旋回している。羽を動かさず、見事に風を捕まえて優雅だ。間違いなく、私たちの動きを視界に収めている。ここで死んだらあいつが食ってくれるだろうかと、縁起でもないことを考える。

ぼぼぼぼと顔に当たる風の音に紛れて、ぐーっと腹が鳴る。結局アップルモモを半分しか食べられずに歩き始めてしまった。せめて丸々一つ食べられていたら――先を歩いていた太賀くんが立ち止まり、腹に手を当ててこちらを見ている。腹減った、と彼は言った。太賀くんもろくに朝食を食べずにいた。

「アップルモモしか食べてなかったから――」と言い終わる前に、見て見て見て見て見て！

と太賀くんが息を殺して何かを指した。私たちから10mも離れていない、残雪と下生えがまだらな中に、大きな雄のヤクが一頭、こちらに角を向けて立っていた。いや、違う。その奥にも、横にも、微動だにしない数頭のヤクが、こちらに静かな眼差しを向けている。そうおぅ……私たちはその光景に言葉を失った。どうしてヤクたちはこんな場所にいるのだろう。冷たい風が吹きおろし、日差しもろくに届かない谷底に、彼らはなぜ立ち尽くしているのだろうか。ヤクは私たちをしばらく見つめると、飽きたように視線を下げ、足元の草を食み始めた。「近づいても大丈夫ですかね」太賀くんはカメラを構え、ゆっくりとヤクに近づいていく。その足元にも、背の低い草が生えている。よく見ると緑の葉の中心に、紫色の蕾が付いている。メコノプシスに違いなかった。別名、青いケシ。その俗称の通り、ケシ科のこの植物は栽培が極めて困難で、幻の花とも言われている。実にメディア映えするキャッチコピーだ。産毛に覆われた緑色の莢《さや》が二つに割れ、その中から真っ青な花びらが少しだけ覗いている。花開いたらどんなに美しいか知れない。かつては多くの日本人がこの花を一目見ようと、谷を訪れたとパサンは話していた。ヤクたちはこの青いケシを食べているのだろうか。シャッターの音が聞こえ、直後に「おっ」と太賀くんの声が漏れる。近づきすぎたのだろう、一頭のヤクが威嚇《いかく》するように角を下げて、太賀くんに近づいて来ていた。

十四時半。谷には重たいガスが溜まり、白く視界が遮られるようになっていた。踏み跡はほぼ消失して、足元はなぜか砂漠のようにサラサラとした深い砂地になった。私たちはキャンジン・リーの南側から歩き出し、頂上へ向かう稜線と並行して走るその東側の谷をいつの間にか歩かされ、山頂の北側へ回り込もうとしていた。徐々に標高を上げてきた谷筋は、そのまま行けば左手から続いている尾根が右手に巻くところでぶつかり、峠になっている。しかし、その峠は遠く見えた。左手に見える尾根に上がることさえできれば、間違いなく頂上に辿り着ける。既にトレイルを見失っていた私たちは、山肌を斜めによじ登って、峠より手前で尾根に出ようと考えた。腹が減って、冷静に物事を判断することもできなくなっていた。本音を言えば一刻も早く宿に戻って腹を満たしたかった。しかし、頂上を踏まなければ帰れないような気持ちになっていた。素人が遭難する時の、典型的な心理状態だ。私たちは砂に足を取られ、二メートル這い上がっては一メートルずり落ちることを繰り返しながら、風に飛ばされないようどうにか山にしがみつき、少しずつ標高を上げていった。ものすごく長い時間、そうしていた気がする。けれど、実際には一時間か、あるいは三十分かそこらだったかもしれない。私たちはついに稜線に出た。

体が宙に放り出されたような気がした。幅二メートルにも満たないヤセ尾根の向こう側は、白と灰色の世界だった。右手には中国とネパールの国境を成す峻険《しゅんけん》な稜線が伸び、左手にはこれまで他の山々の奥から突き出す頂上付近しか見られなかったランタン・リルンが、初めてその全容を見せている。スプーンでごっそり抉り取ったように窪んだその南東壁から、青と白と黒を混ぜた色の氷の河が流れ落ち、左から迫り出した山裾を避けるように右に大きく膨らんでから、細くまとまり私たちの足元はるか下方を左手へ流れている。これがネパール最大の氷河、リルン氷河だ。谷を流れていくその様は、白い飛沫《ひまつ》をあげる大河そのもので、氷河という概念を知らなければそれが氷だなどとは信じられないだろう。しかし、キャンジン・リーの麓に至る頃にはその美しさは失われ、氷河が自ら削り取った黒い岩屑に覆われてしまっている。そこからはまるで乾いた大鰻が谷間を這うようにして進み、キャンジン・ゴンパのすぐ手前まで伸びて、高台から集落をちょうど見下ろしているように見える。

「凄すぎる！　これは、凄すぎる！」

太賀くんが同じ言葉を繰り返している。彼は感動すればするほど語彙を失ってしまう。職業がレポーターじゃなくて本当に良かった。彼は台本さえ与えられれば素晴らしい力を発揮するのだ。ダメだ、これもう写真に収まらない。切り取り方がわかんない、とカメラの窓を覗き込みながら興奮している。気持ちはよくわかった。周囲の山々があまりにも大きくて、自分がジオラマの中に配置された小さな人形になったような不安に襲われる。それは自分の生死を誰かに握られているような感覚や、はるかに高い場所に存在する暇を持て余した何者かによって監視されているような感覚を含んでいる。その如何ともし難い不安感は、もしかしたら地震や雪崩の話を聞いたことによって生まれているかも知れない。

私たちは尾根を南へ歩いた。十五時三十分、私たちはようやくキャンジン・リーの頂上を踏んだ。標高4773m。集落から1000m近くも高度を上げていた。

そこは明らかに頂上だったが、キャンジン・ゴンパから見えていた場所ではなかった。はためくタルチョがこちらの方が明らかに少ないし、そもそもここから集落は見えない。下から見えていたのは、キャンジン・リーのロウアー・ピーク（低い方の頂上）だったようだ。本当の頂上から続く尾根はぐんぐん標高を下げ、まっすぐ集落の方角へ向かう。上から見下ろすと、その突端に当たる部分にたくさんのタルチョがはためいて見える。それがロウアー・ピークだ。頂上から下っていく尾根が一度平坦になり、そこから集落に向かって一気に切れ落ちる場所。頂上を頭とした時に肩と呼ばれるそれを、私たちはキャンジン・リーの頂上だと誤解していたらしかった。

風を避けるように、ケルンの足元に身を寄せた。そのケルンは周囲の石を集めてなんとか山型になるように積み、最後にタルチョをいくらか巻きつけたというような頼りないものので、わざわざ好んでここに登る人間が多くはないことを示していた。太賀くんがカメラのフィルムを交換していると、細かな雪が降り始めた。腹も減りすぎて妙な動悸が止まらなくなっている。もうもたもたしてはいられない。私はサコッシュの中に食べ物を探した。さおりんごが持たせてくれた行動食が入っていたジップロックの底に、五百円玉サイズのカレー煎餅が一枚あった。私はこれを正しく半分に割り、太賀くんと分けた。美味いね、ありがたいね。どう考えてもエネルギーは不足していたが、私たちはなるべくそうは言わないようにした。口に出したら苦しい状況が一層明確になってしまいそうで恐ろしかった。

「ちょっと一服していいですか」と、太賀くんは徐にダウンジャケットのポケットを探り、タバコを口に咥えた。こんな状況でも吸いたくなるのか、と驚いた。それともこんな状況だからこそ吸いたくなるのか、私にはわからない。太賀くんはマッチを擦っては、「ちっ」とか「んもうっ」とか言っている。手元の箱の中を覗き込むと、麦わらのような心許ない軸の先に、申し訳程度の頭薬が付けられたマッチがパラパラと収まっている。軸の太さも頭薬のサイズも個体差が激しく、太賀くんはなるべくしっかりとした一本を選りすぐっては着火を試みる。しかし、側薬に擦り付けただけでぼろっと頭薬が落ちてしまったかと思えば、ボッと火が上がった途端、風に吹かれていとも簡単に消えてしまう。五本、十本と挑戦して、結局タバコに火がつくより先に、マッチ箱が空になってしまった。

「クソマッチが」

そう吐き捨てると、太賀くんは蠟《ろう》人形のように白い無表情で「じゃあ行きますか」と立ち上がった。どうしても定期的に人を殺さなければ正気を保てない殺人鬼が、血に濡れた手でタバコに火をつけようとしてはうまくいかずに苛立っている。そんな様子だった。ニコチンは恐ろしいなと思った。

雪は勢いを増していた。空は乳色に濁《にご》り、稜線との境が溶け始めている。雲の陰影と山肌の陰影に区別がなくなり、粗く塗った漆喰のドームの中にいるようだ。

横から叩きつけるように吹く風に注意を払いながら、ヤセ尾根を急ぎ足で下っていく。その先に、ロウアー・ピークがあった。先を行っていた太賀くんがケルンに囲まれたピークに立ち、帽子を押さえて「すげー」と叫んだ。突き立てられた二本の支柱に渡された無数のタルチョが、パッチワークの陣幕のように彼の背後で揺れている。

やはり、こちらからは集落が遠く見下ろせた。目を引いたのは、その手前に迫る黒々とした氷河の先端だった。ちょうど鰻の脳天が、縦にパックリとメスで割られて白い組織が露出しているように見える。氷河湖に違いなかった。リルン氷河が溶けて流れ出した水が、そこに溜まっているのだ。そこだけが白く見えるのは、氷河の表面を覆っている岩屑が水底に沈むからだと推察できた。綺麗な笹型に開いたその氷河湖は縦に100m、横に40mはありそうだ。それはキャンジン・ゴンパのちょうど頭上に位置していた。私は俄《にわか》に恐ろしくなった。温暖化は進む。氷が溶ける速度は増し、氷河湖の水位は確実に上がっていくだろう。数千トン、数万トンにも及ぶ水がいつか土手を突き破り、土砂を巻き込んだ濁流となって村を飲み込む。そうなれば、パサンの家族が暮らすあのゲストハウスも無傷ではいられない。私の中に、苛立ちや怒りに近い感情が芽生えるのを感じる。こんな危険なところで生きていこうとするのは責任感に欠けるのではないだろうか。自分たちは大丈夫、という理由なき楽観に侵されているのではないか。私はこういう人々を見ると、しばしば蟻を思い出す。庭にできた蟻の巣。近くに飴玉を落とすと、わらわらと穴から湧いて出ては行儀良く舐め始める。しかし、私は間も無くそこに熱湯を注ぎ、巣もろとも根絶やしにするつもりだ。それなのに、この蟻たちは頭上の危険にまるで意識を向けようとせず、目の前の快楽や安心に身を委ねている――そこまで考えると、日本列島も相似形をなしている、と思い至る。地震、津波、豪雨に洪水。噴火だってあり得る。食料自給率に至っては40%にも及ばない。そんな小さな島からは一刻も早く抜け出すべきだ――では、どこへ？ アメリカ？ 当たり前に銃を持つ人間が歩いている国へ？ 北欧のどこか？ 日照時間が足りなくて精神疾患を患うかも知れないのに？ アフリカのどこか？ 疫病が蔓延《まんえん》すれば逃げ場がないのに？――完全に安全な場所はない。あらゆる土地に固有のリスクがあり、リスクの少ない土地には人間が集まり、人間が集まればそこには新たなリスクが生まれる。では、住むべき土地はどこなのか――よく目を凝らすと、岩屑でできた土手の下部にパイプが突き刺さり、それが集落近くの建物まで続いている。水力発電所らしい。そういえば昨日、集落まで歩く道中にパサンが説明してくれていた。

「氷河湖の水を使った水力発電所があるんだ。世界で初めての技術なんだよ」

溜まっていく水を一定量抜きながら、その水の落ちる力を使って電気を起こす。一石二鳥の見本のようだ。思えば私たちはそのようにして、生活を続けてきたのかもしれない。

太賀くんはカシャンカシャンと写真を撮っている。

「タルチョって撮っちゃいますよねー」

タルチョ越しの空、タルチョ越しの山、タルチョ越しの村。あとはもう帰るだけだからと、貴重なフィルムを惜しまず使おうとしている。四十年前に製造された、鉄の弁当箱のようなカメラ。プラウベル・マキナ。蛇腹のレンズを引っ張り出し、フィルムを巻き上げて、シャッターを切る。装塡できるフィルムは十枚撮り。十枚撮ったら裏蓋を開けて、フィルムを入れ替える。重くて、不便で、金ばかりかかる。今はもっと軽くて便利で写りのいいカメラがいくらでもあるのに、と言う人は多い。けれど太賀くんは好んでプラウベル・マキナを使い続ける。合理性はない。この旅だって同じだ。私たちは爆撃から逃れなければならないわけでも、迫害から逃れなければいけないわけでもない。仕事を求めて新天地を探しているわけでさえない。安心安全に生きていたいなら、わざわざ時間と金をかけて旅になんて出る必要はない。

「やべー。すげー」

太賀くんの声が聞こえる。尻尾を振る子犬のようだ。ファインダーを覗く横顔を見ているだけで、こちらも楽しい気持ちになる。ただ生きる。生き抜く。命を繋ぐ。それだけで素晴らしい。もちろんそうだと思う。けれど私たちは飽き足らない。一所《ひとところ》に腰を据えて、身の回りの喜びだけを丁寧に享受する生き方を、私たちは知らない。だからどうしても、旅に出たくて仕方がない。

雪は少しずつ勢いを増していく。そろそろ行こうか。私たちはロウアー・ピークを後にした。

眼下の集落へ、転げ落ちるように下っていく。先を歩く太賀くんが足を滑らせるたび、「ぬぉっ」と私が声を出してしまう。少しよろけるとかそんな程度ではないのだ。しっかり岩に背中を打ちつけている。「大丈夫⁉」と聞くと「わざとです！」と毎回答える。ザレた急傾斜で急げば転ぶのはわかっていた。しかしどうしても速度を緩めるわけにはいかなかった。私たちの空腹はもう限界に近づいていたのだ。

「この状態でも我々のダルバート、阿部ちゃんが真っ先に食べるんだろうな」

私がそうぼやくと、太賀くんが激しく反応した。

「絶対やる！　やるんだよあいつ！」

阿部ちゃんをあいつ呼ばわりしたのは初めてだ。「流石にブチギレそう」とすでにキレている人間の声色で続ける。「自分はなぜかスープだけ頼んで」空腹とニコチン不足で太賀くんは感情の抑制が利かなくなっている。

「最初の一口って大事じゃないですか！　でも、いきなり根こそぎいくじゃないですか！あれなんなのマジで！　うぉ痛《いて》ぇ！」怒りながら転んでいる。相槌《あいづち》を打つ間もなく、太賀くんは呪詛《じゅそ》を吐き続ける。

「トランシーバーで阿部ちゃんにダルバート注文しておいてもらいましょうよ！　到着

したらすぐ食べられるように！」

ナイスなアイディアだと私は思った。阿部ちゃんに持たされたトランシーバーが、ここでようやく意味を持つ。きっと阿部ちゃんも喜ぶだろう。「着いてから三十分も待てないもんね」と私が言うと、太賀くんは「待てない！」と返す。「お腹と背中がくっついちゃう！」と言うと、「くっついちゃう！」と返す。太賀くんはもう空腹で語彙を全て失って、私の語尾を繰り返すだけのロボットと化している。一刻の猶予もない。私はトランシーバーで阿部ちゃんにコールする。

「阿部ちゃん取れますか、阿部ちゃん取れますか、どうぞー」

「…………」

反応がない。ちょうどトランシーバーが手元にないか、他の作業に集中しているのだろう。しばらく経って、もう一度コールする。

「阿部ちゃん取れますか、今下ってます、上から村が見えてます、どうぞー」

「…………」

トイレにでも行っているのだろう。携帯電話と違って履歴が残るわけでもないから、コールした時に気付かなければ応答できない。私はトランシーバーを手に握ったまま駆け足で坂を下りつつ、足を止めずに発信を続ける。

「阿部ちゃん取れますか、どうぞー」

「…………」

――絶対許さない。私は心に決めた。あいつ寝てるわ。私たちはそう確信した。

「ダルバートを二つ！　ダルバートを二つお願いします！」

反応のないトランシーバーに、それでも向こうには声が聞こえている可能性にかけて叫び続けた。

「三十分後には村に戻ります！　腹が減って死にそうです！　戻ったらすぐに食べたいです！　ダルバート二つ！　ダルバートを二つお願いします！」

応答は得られないまま、私たちは標高を下げていく。太賀くんはほとんど仰向けになって、背中を地面に擦り付け「わざとですわざとですわざとですわざとです」と唱えながら滑り降りている。下っても下っても、一向に集落は近づいて感じない。と、その時、ヒーンヒヒヒンと馬の嘶きが耳に届いた。ばらばらと突き出た煙突たちから白煙がゆったり立ち上っているのが見える。途端、私の心はもうすぐだ！　に切り替わる。不思議なものだ。村の馬の声が聞こえる直前まではまだまだだと思っていたのに、次の瞬間にはもうすぐだと思っている。境界線は自分の中にあるわけだ。

傾斜は次第に緩やかになり、やがて私たちは村の北側に降り立った。家々から流れてくる夕餉の匂いに呼応するように、胃がキュウと鳴く。

ダルバートを注文し、私たちは食堂の隅に腰を落ち着けた。十七時半。料理を待つ間、太賀くんは珍しくコーラを、私はいつものチャイを飲んでいると、寝起きのヤクみたいに重い足取りで阿部ちゃんがやってきた。

「めっちゃ体調悪い」

開口一番そう言われると、私たちはいかなるクレームもつけられない。

「標高高いから、免疫力無くなったのかなあ」

確かに、酸素が少ないと代謝も落ちるし、回復も遅れる。逆酸素カプセルのような状態だ。

「めちゃくちゃ大変だった」

私たちはキャンジン・リー山行の苦労を伝えようとした。すると阿部ちゃんは言う。

「え、もしかしてあっちまで行ったの？」

そう、私たちはあっちまで行った。なぜならあっちが頂上で、こっちは頂上ではないからだ。ある山を登ろうとしたとき、ごく一般的に言って目指すべきは頂上だ。阿部ちゃんはいつもの通りエッグスープを注文する。

「超疲れたわ」

太賀くんが言う。

「トレッキングポール必要だったよね」

私が加える。

「うん。なんでポール持っていかないのかな？　とは思ってた」

阿部ちゃんが携帯電話で誰かとやり取りをしながらそう返す。「先に言ってくれよ」と言いそうになるところをグッと堪えて、堪えすぎて気を失いそうになったところでダルバートがやってきた。立ち上る米の湯気を見ただけで天にも昇りそうな気分だ。私たちはあまりにも腹が減りすぎていた。まだスプーンさえ握っていないのに、スープを吸った米を掻き込む自分を想像して、脳髄が痺れてくる。そしてやはり、それは起こった。私が念願のダルバートに手を伸ばすと、つい一秒前にはあったはずのスプーンが消えている。はて、と思うと同時に、視界の端から「んふぅ」という吐息と、くちゃくちゃとした咀嚼音が聞こえてくる。眼鏡に携帯電話の画面を白く反射させた阿部ちゃんが、無表情で私のダルバートを食べている。ちらっと私の顔を見て、もう一度スプーンを皿に滑らせ、今度は野菜炒めを根こそぎ掬って口に詰め込む。もう言わなきゃ、と思ったそのとき、阿部ちゃんが口いっぱいに食べ物を入れたままポツリと呟いた。

「なんか俺、ここ数日こういうご飯もの、二人から奪ってしかないんだけど」

その、哀しげな響き。自分の報われなさを遂に打ち明けた、といった口ぶり。私は混乱を禁じ得なかった。被害者の立場はいとも簡単に奪われた。隣で太賀くんは魂が抜けたようにあんぐり口を開けて、餌を待つチョウチンアンコウみたいな顔をしている。私は阿部ちゃんが満足いくまで食べるのを待って、当初の神々しさを失ったダルバートにスプーンを差し入れた。

そうして旅は終わろうとしていた。

窓の外が暮れ色に染まり、食堂に続々と人が集まってくる。スイスから来た客、ドイツ、オーストリアから来た客、ネパールの他の地域から来た客。皆が薪ストーブを囲んで睦《むつ》み合っている。食堂の隅で縮こまる私たちを気遣い、パサンが輪を外れてこちらへ歩み寄ってくる。

「せっかく仲間になれたのに、もうお別れだね」

どこまでも優しい男だ。三十歳や四十歳になった彼を見てみたいなと、親心のようなものさえ生まれる。

「今回の出会いは本当に忘れられないものになったよ」

そう言うと、パサンは輪の中心へ戻っていく。もっとパサンと話したかったけれど、彼を独り占めするわけにもいかない。気遣ってくれただけでも十分すぎる——と思ったとき、

「ヘイガイズ！」とパサンの声が食堂に響いた。

「僕はラップをやってるんだ！」

携帯電話でゆったりとしたビートを流し、ウォーミングアップに一バース蹴る。客は大いに盛り上がる。

「俺のブラザーを紹介するよ！」

パサンの視線が太賀くんに向けられる。

「ブラザー、タイガー！」

客はさらに盛り上がる。全員の視線がこちらに向けられる。何人かの西洋男は「お前ら本当にできんのか？」と品定めの目をしているのがわかる。なるほど、男たちは輪の中にいるスイス人女性を意識しているようだ。太賀くんはノーノーノー！　と拒絶する。ノーイングリッシュ！　と席に深く腰掛けて動かない。カモンカモン！　パサンは逃がさない。ノーイングリッシュ！　太賀くんも誘いには乗らない。攻防が五回繰り返された時、太賀くんの喉から「ぉおん」と聞いたことのない音が出たかと思うと、「リッスン（聞け）」と言って立ち上がった。

時は来た。

パサンは再生ボタンを押す。

ヒマラヤのゲストハウスに到底馴染まない重低音が、阿部ちゃんのグラスに満たされたタトパニを震わせる。ドリル。それは米国シカゴに由来する、重く危ういビートだ。シカゴのラッパーたちは、そこに自分たちの犯してきた罪を乗せて披瀝《ひれき》する。「カモン、イエーカモン」太賀くんが体を揺すり始める。そこはもうアリーナだった。

リッスン

俺の名前は太賀
そうジェロム・レバンナ
まだまだこんな調子でどうだ　あ?
恥ずかしくなんてない
やるかやらないかだ
俺はここで今歌ってる
そう、立ってる立ってる
あそこも立ってる
おっ立ってる突っ立ってる
俺は日本人
アイムジャパニーズシンガー
ラッパー?　ヒップホッパー?
そんなの関係ない
みんな俺のフリースタイルに戸惑ってる
俺は歌ってる
そう　ノープロブレム

大拍手。

「言葉はわからないけど最高だ！」と客の一人が絶叫する。

「今後も僕達で曲を作っていこう！」パサンが太賀くんに目配せをする。

なお、太賀くんの放ったリリックの一部がもしも黒塗りになっていたなら、それは彼の所属事務所スターダストプロモーションが許容できないと判断したからだ。逆に黒塗りにされていなければ、それこそスターダストの懐の深さか、あるいは放任の証左である。

それからはそれぞれの客たちが、それぞれの国の歌を歌った。知らない歌を交換し合うことはこんなに楽しいのかと、カラオケの起源を見たような気さえした。

「GR壊れた」と、阿部ちゃんが全ての脈絡を無視してコンパクトカメラをテーブルに乗せる。ランタン村で肥溜めに落ちたときに水没したサブカメラだ。しばらく乾かしてみたが、うんともすんとも言わないらしい。起動もしないのであれば電源関係の問題だろうと電池蓋を開くと、バッテリーが上下逆さに入っている。向きを直して挿入すると、なんの抵抗もなく撮影モードになった。

「え⁉　なんで⁉」

阿部ちゃんはひとしきり驚いてから、「俺バッテリー抜いてないけどなぁ」と絶対に存在しない第三者に責任を転嫁しようとした挙句、「というか、向き逆だったら入らないようにしてほしいよな」とメーカーへの恨み節を吐いて、雑な仕草でそれをポケットにしまった。末恐ろしい男と旅をしていたものだと、私は深く感じ入った。

翌朝、谷は白く覆われた。深夜から音もなく降り続いた雪が、谷をすっかり埋め尽くしてしまったらしい。庇《ひさし》の下に突き出たパイプから、風に押されて傾いたまま凍った氷柱《つらら》が下がっている。当分ヘリは飛べないとカトマンズから連絡が入った。私たちはキャンジン・ゴンパで天候の回復を待つことにした。登山用の防寒着を着込んだパサンは、親族の結婚式に参列するんだと言って夜明けと共に村を出た。私たちが数日前に通過してきた集落まで、一日で歩いてしまうという。雪に足を沈めながら歩いていくパサンを見送ると、どこからか水の流れる音が聞こえてきた。電気の力で水を循環させる卓上噴水のような、心許ない音がくっきりと聞こえる。頭上で鳥が羽ばたくのを感じた。見上げるとはるか遠く、黒色の鳥が飛んでいる。あんなに遠くを飛んでいるのに、音だけがすごく近い。その他ほとんどの音が、雪で隠されてしまったのだ。雪の隠蔽を免れた音だけが、新しく均された世界で控え目に、しかしくっきりと響いている。

阿部ちゃんは部屋に篭《こも》ったきり出てこない。太賀くんと私は食堂で読書に耽った。目では文字を追っていたけれど、頭の中ではこの旅のことを考えていた。結局どこにも温泉は沸いていなかった。けれど妖怪糞洗いが現れる宿のシャワーは大切な思い出だ。世界一標高の高いパン屋さんだったかどうかは定かじゃないけれど、あのベーカリーで食べたアップルモモの衝撃は語り継ぐべきだとさえ思う。キャンジン・ゴンパに幽閉されている今もそうだけれど、何一つとして、思い通りにことは運ばなかった。それでも、ままならなかった時間こそが、私たちの旅を私たちだけのものにしてくれる気がする。

朝ドラの撮影を途中で抜けてきた太賀くんは、帰国したらすぐに現場に戻る。一生懸命日焼け止めを塗ってはいたけれど、標高のせいで少し焼けている。役のつ、な、が、りに支障が出るだろう。私は一年前から追っている未解決殺人事件の取材を続けなければならない。指名手配されている容疑者が、犯人じゃないかもしれないのだ。この旅で貯金のほとんどを失った阿部ちゃんは、帰国したら写真展を同時に三つやるらしい。主催側にとってもお客さんにとっても単純に不合理だが、誰も彼を止められない。私たちはいつもの日々に戻っていく。次はいつ、こうして旅に出られるだろう。

食堂の扉が勢いよく開き、頭にタオルを巻きつけメガネを曇らせた阿部ちゃんが現れた。太賀くんと私は視線を交わし、飢えた獣のように阿部ちゃんを見つめる。

AR LOSA

LEK HAPPY NEW

ཨོཾ་མ་ཎི་པདྨེ་ཧཱུྃ༔
ཨོཾ་ཨཱཿཧཱུྃ༔

REAL
ORGANIC

HARDROCK
CAFE

HOTEL YALA
PEAK

KYANJIN
RI
CHERGO RI

HIGHER GUEST HOUSE
HOTEL SUPER VIEW

LATTE, VANILLA LATTE,
IRISH COFFEE,
HOT
CAFE MOCHA
IRISH COFFEE
BAILEYS CAPPUCCINO
Ultra
Ultra

MIDNIGHT PIZZA CLUB

仲野太賀（なかの・たいが）

1993年東京都生まれ。俳優。2006年に俳優デビュー。2021年に公開された映画「すばらしき世界」で第45回日本アカデミー賞優秀助演男優賞、第64回ブルーリボン助演男優賞などを受賞。2022年にはエランドール賞新人賞も受賞した。近年の主な出演作に、ドラマ「新宿野戦病院」、連続テレビ小説「虎に翼」、映画「本心」、「十一人の賊軍」、「笑いのカイブツ」、「熱のあとに」などがある。2026年の大河ドラマ「豊臣兄弟！」では主演を務める。

上出遼平（かみで・りょうへい）

1989年東京都生まれ。テレビディレクター、プロデューサー、作家。2011年にテレビ東京に入社。ドキュメンタリー番組『ハイパーハードボイルドグルメリポート』シリーズの企画、演出から撮影、編集と、制作の全工程を手掛ける。2019年に同番組7月15日放送分が第57回ギャラクシー賞優秀賞を受賞。幅広いジャンルで才能を発揮している。著書に『ハイパーハードボイルドグルメリポート』『歩山録』『ありえない仕事術　正しい"正義"の使い方』がある。

阿部裕介（あべ・ゆうすけ）

1989年東京都生まれ。写真家。青山学院大学経営学部卒業。大学在学中よりアジア、ヨーロッパを旅する。旅で得た情報を頼りに、ネパール大地震の被災地支援（2015年）、女性強制労働問題「ライ麦畑にかこまれて」や、パキスタンの辺境に住む人々の普遍的な生活「清く美しく、そして強く」を対象に撮影している。日本での活動に、家族写真のシリーズ「ある家族」がある。

企画協賛：Goldwin　THE NORTH FACE　ORBIS

企画・編集協力：伊賀大介／竹山香奈
企画協力：ヒマラヤンアクティビティーズ／リチャード・シャヒ

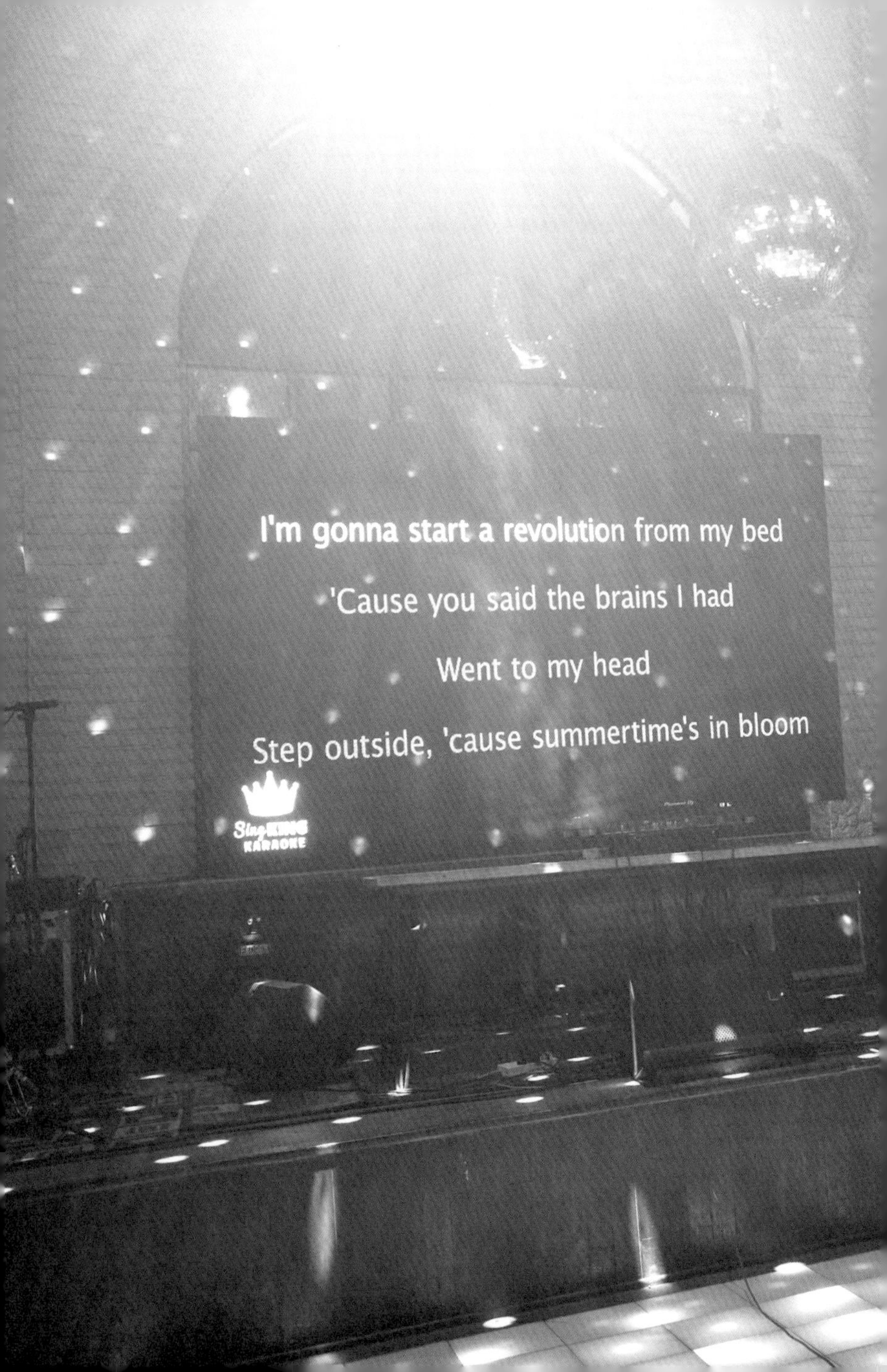
I'm gonna start a revolution from my bed
'Cause you said the brains I had
Went to my head
Step outside, 'cause summertime's in bloom
KARAOKE

MIDNIGHT PIZZA CLUB《ミッドナイト ピッツァ クラブ》
1st BLAZE LANGTANG VALLEY《ファースト ブレイズ ランタン バレー》

2024年12月10日 第1刷発行
2025年 8 月 8 日 第9刷発行

著者 仲野太賀《なかのたいが》 上出遼平《かみでりょうへい》 阿部裕介《あべゆうすけ》

発行者 篠木和久

発行所 株式会社講談社

〒112-8001 東京都文京区音羽2-12-21
電話 出版 03-5395-3504
販売 03-5395-5817
業務 03-5395-3615

本文データ制作 講談社デジタル製作

PD 岡本亮治（八紘美術）

装幀 鵜飼悠太（Document Marker）

印刷所 株式会社KPSプロダクツ

製本所 大口製本印刷株式会社

文章は上出遼平の書き下ろし、写真は阿部裕介、仲野太賀の撮り下ろしです。

Printed in Japan, ISBN 978-4-06-537034-6
N.D.C. 292 319p 19cm